민담·행복·희망

꼴 따라 강 따라

최연숙

영남대 명예교수

저서 『민담·상징·무의식』
편저 『독일 시선집』
번역서 『동화와 심리치료』, 『아모르와 프쉬케』, 『동화의 행복법』
논문 「횔덜린과 자연」, 「아우슈비츠 이후의 글쓰기」, 「괴테 시와 생태학적 관점」
「그림민담 속의 자연모상과 융의 에로스 원리」, 「동화상의 상징과 동화치료」
「아모르와 프쉬케의 여성성 논의에 대한 비판적 접근」, 「원형 논의의 가능성」 등
다수의 논문이 있다.

민담은 어린 시절 아이들이 읽는 이야기일 뿐만 아니라, 나이에 비례해 이해 가능한 이야기이기도 하다. 나이가 들수록 민담이 담고 있는 주제의 다양성을 체험한다. 어린 시절부터 접했기 때문인가? 아님, 인간 삶의 다양하고 다층적인 구조를 조금씩 알아가고 있어 그런가? 민담이 내게 조금씩 말 건네기 시작한다. 이제 그 양은 얼마 안 되지만, 조금 미련이 남았던 터라 정리해본다. 무엇보다도 민담 속 주인공들의 한결같은 행복을 향한 힘찬 발걸음, 장애를 늠름하게 극복하고 한 걸음, 한 걸음씩 내딛는 자율적 삶의 모습, 정말 지혜롭다. 읽을수록 참답고 아름답고, 내 삶에 큰 힘과 위로를 준다.

동화, 성서, 셰익스피어 그리고 괴테의 작품은
우리 인간의 개인심리학 인식에 으뜸 안내서들이다.

- 알프레드 아들러 -

I
01 _ 황금새
02 _ 손 없는 아이
03 _ 수정공
04 _ 샘물가 거위치기
05 _ 수의

II
01 _ 개구리왕자
02 _ 라푼첼
03 _ 헨젤과 그레텔
04 _ 어부와 그의 아내
05 _ 재투성이
06 _ 홀레 할머니
07 _ 황금 머리카락 세 올
08 _ 향나무
09 _ 털복숭이 공주
10 _ 요린데와 요링겔
11 _ 물의 요정 닉시

I

01 _ 황금새

02 _ 손 없는 아이

03 _ 수정공

04 _ 샘물가 거위치기

05 _ 수의

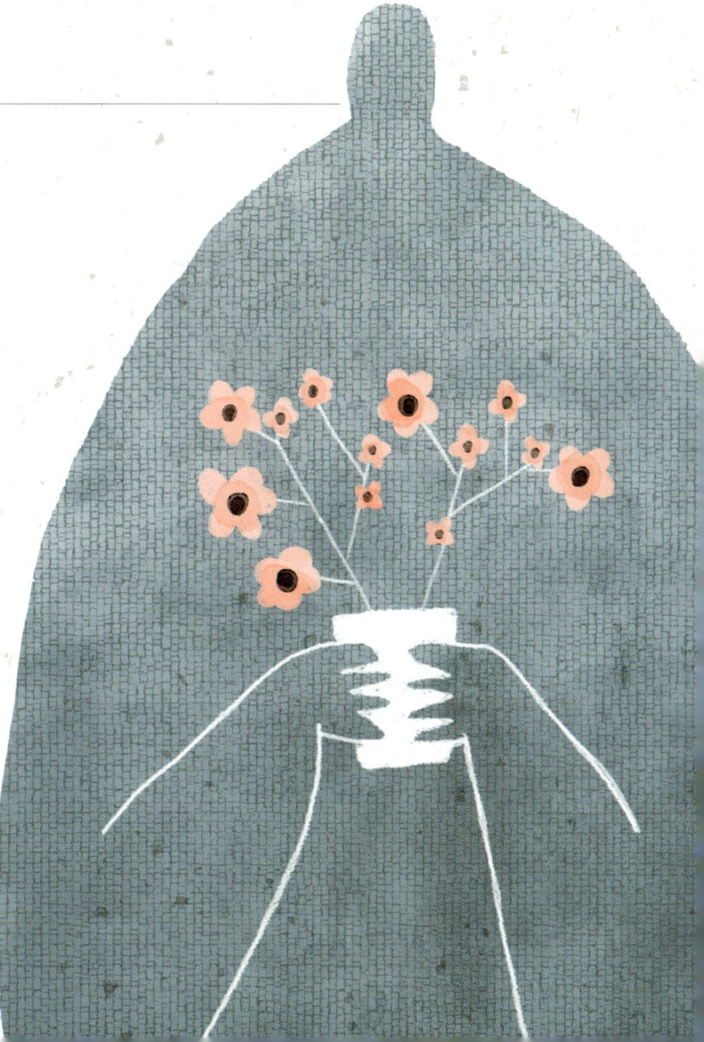

01 _ 황금새

우리가 그리는 이상 세계는 존재하는가? 그러한 세계가 존재할지 모르겠으나, 우리 인간은 그러한 세계를 늘 그리워한다. 그러한 세계는 민담 속에서 황금색으로 묘사되기도 한다. 어느 시기의 황금 시대, 황금 나무, 황금공, 황금새 등... 그리고 그립다는 것은 그것을 향해 가는 것이다.

이 민담에서 흥미를 끄는 것은 여우가 꼬리를 쭈욱 뻗어 어느 순간 주인공을 휘익 목적지에 도착시킨다는 것이다. 이 여우는 마치 무한 속도로 날아 목적지에 이르는 날개 달린 새와 같다. 새가 인도하는 곳은 어디인가?

이 민담에서는 세 아들에 대한 시험이 제시된다. 그 시험은 활쏘기와 총쏘기로 속도를 타고 이어진다. 어느 왕국에 황금 사과나무가 열리는 황금 사과가 하나씩 없어지는 문제가 발생하자, 막내 왕자가 한밤중 졸음을 떨치고 황금새를 겨냥해 활쏘기에 성공한다. 황금새가 남긴 깃털을 확인한 후 세 왕자는 다시금 황금새를 찾아 길을 떠난다. 이어지는 시험 공간은 숲이다. 숲 어귀에는 여우가 있다. 여우는 마치 숲의 호위병 또는 주인처럼 숲을 지키고 있다. 왕자들은 총을 들고 숲으로 간다. 두 형들은 여우의 조언을 무시하고 여우에게 총을 겨누어 쏘고, 자의적 판단에 따라 화려하고 시끌벅적한 여관에 묵게 되는데, 이 지점에서부터 형들은 더 이상 숲을 통과하지 못한다. 반면에 마음씨 착한 막내 왕자는 여우의 말에 따라 허름하고 조용한 여관에 묵어, 첫 시험에 무사히 통과한다. 세 왕자에 대한 시험은 여기서 끝나며, 여우에게 총을 쏘지 않은 셋째 왕자만이 여우가 지키는 숲으로의 진입이 허용된다. 이후 여우의 꼬리는 쭉 뻗어 가속도가 붙는다.

시험에 통과한 막내 왕자는 이후 여우의 꼬리를 타고 이동한다. 그러나 여우의 연이은 지시에도 불구하고, 막내 왕자는 자꾸만 허름한 것보다는 황금 새장을, 황금 안장 등을 선택해 곤혹을 치른다. 그러나 형들과 달리 막내 왕자의 숲 속 여정은 계속된다. 그리고 숲에서의 시험은 황금의 의미 찾기 단계로 고도화되어 간다. 주인공은 여러 단계의 오류를 범하지만 자기 길을 찾아간다. 그것은 황금 표지를 찾아가기 때문에 가능하다.

이 민담은 프로프가 말하는 바 민담의 시발점이라 볼 수 있는 문제적 발단, 즉 어느 왕의 정원에 있는 황금 사과나무에 달린 황금 사과가 매일 하나씩 없어지는 데서 시작하며, 그 황금 사과를 훔쳐가는 황금새를 찾아 가는 과정과 그것을 쟁취한 후 집으로 귀환하는 과정이 그려져 있는 등 민담의 전형적 구조를 띠고 있는, 전 세계적으로 너른 분포도를 띠고 있는 광포민담이다.

그런데 문제 발단의 원인이 황금새라면, 그 문제 풀이의 해결사는 여우다. 여우는 인간의 능력 또는 예지로 풀지 못할 때가 되면 여지없이 나타나 해결 방법을 제시하는 아주 비상한 초월적 존재다. 민담의 끝부분에서 머리와 발을 잘라 공주의 오빠로 변신하기 전까지 그는 마법에 걸린, 꼬리가 쭈욱 뻗어 주인공을 실어 나르는 여우다. 그의 마법은 여드레만에 산을 옮기는, 엄청나게 힘든 과제도 순식간에 해결하는 비법이다. 아니 그것은 인간의 측면에서 보면 난제의 해결이라 할 수 있지만, 여우의 입장에서 보면, 꽤나 손익은 작업이다. 여우는 황금의 마법에 걸려 있다. 여우는 인간으로 하여금 끊임없이 황금의 표지판, 즉 황금새와 황금 새장, 황금 말과 황금 안장, 황금성의 황금 공주를 찾아 가게 한다.

그리스 신화의 영웅들의 행선이다. 이아손도 펠리아스의 요구에 따라 잠들지 않는 용이 지키고 있는 황금 모피를 찾아 떠난다. 이아손은 황금 모피를 거머쥔 영웅이 되기는 했지만, 그의 최후는 비참했다. 그러나 민담에서는 신화적 영웅에서 드러나는 갈등구조나 무차별적 대립구조가 지양된다.

민담의 주인공이 이아손과 같은 영웅이 되는 길은 그리 간단하지 않다. 융이나 폰 프란츠는 민담에서 주인공은 개성화 단계를 밟아가며, 그 중심인 자기에 이르는 것으로 본다. 융 학파에서는 개성화를 나무에 비유하기도 한다. 나무 뿌리에서 나무의 둥치가 자라고, 둥치에서 줄기가 생성되고, 줄기가 크면 잔가지가 생성되면서, 잔가지에서도 성장은 거듭된다. 말하자면 뿌리와 줄기, 줄기와 가지, 가지와 잎사귀 사이의 연대와 교류 없이 나무가 성장한다는 것은 있을 수 없다.

이 민담에서 두 형들은 개성화 과정이 여관 선별 단계에서 중단된 것이다. 숲 속에서 얼핏 보면 여우의 지시를 어기는 것 같아도, 막내 왕자는 황금색 표지에 따라 서로 걸맞는 합일을 모색한다. 황금새에 걸맞는 황금 새장, 황금 말에 걸맞는 황금 안장, 황금성에 걸맞는 황금 공주 등 모두 등가적 세계를 띠면서 상호간의 고리, 띠를 꿈꾼다. 타인 또는 사물에 대한 배려 차원의 세계를 꿈꾸는 것이다.

　이 민담에서 숲의 시험 공간을 무사히 통과한 막내 왕자가 자신의 왕국으로 귀환하는 과정에서 형제간의 갈등은 고스란히 노출된다. 형들의 거짓과 허언에 의해 형제간의 화해는 무산된다. 막내 왕자를 우물에 빠뜨리고 아버지가 통치하는 왕국에 돌아간 두 형은 결국 처형당하는 신세가 된다. 그러나 왕국에서 막내 왕자를 기다리고, 거지 행색으로 돌아온 막내 왕자를 알아본 사람은 황금성의 공주이며, 공주와 함께 한 황금말과 황금새다. 막내왕자가 왕궁으로 귀환하지 못하자 황금 공주는 울고, 황금말은 먹이를 먹지 않고, 황금새는 노래를 부르지 않았던 것이다.

　귀향길에 전개되는 이야기는 요셉과 그의 형제들 사이의 갈등과 오디세이의 귀향길 모험 등이 연상된다. 요셉도, 오디세이도 긴 여행 끝에 간신히 가족을 만나거나, 고향집에 이르러 영웅이 되는, 우리가 마지막 순간에 이르기까지 진땀을 흘리며 읽고, 자꾸만 이야기하게 되는 영웅들의 이야기들이 아닌가? 마크 트웨인의 『거지와 왕자』 이야기 또한 어쩌다가 거지 신세가 된 왕자가 자기의 정체성을 입증하기 위해 갖은 시련과정을 겪지 않았던가!

가장 흥미로운 것은 막내왕자와 여우의 이야기로 마무리된다. 황금성의 황금 공주의 이야기는 이미 두 사람의 왕국에서의 해후로 마무리된다. 말하자면 막내 왕자의 아니마상이 확인된 것이다. 두 형들이 숲 어귀에서 여우에게 총을 겨누고 쏜 반면에, 막내 왕자는 여우와의 첫 만남에서부터 여우를 해치지 않는다. 여우는 막내 왕자가 자신에게 총을 겨누지 않고, 그를 해치지 않겠다는 약속을 하자, 막내 왕자를 자신의 꼬리에 태워 그를 끝까지 돕는다. 위기 상황마다 나타나 자신의 꼬리에 막내 왕자를 태워주던 여우는 막내 왕자가 왕국의 후계자가 되자, 숲으로 다시 돌아간다.

　여우는 숲으로 돌아가기 전 이번에는 자신을 죽여 달라고 애원한다. 여우는 막내 왕자가 황금성의 황금 공주를 쟁취하게 되자, 막내 왕자에게 자신을 총으로 쏘아 머리와 발을 잘라달라고 간곡하게 요청한 것이다. 그러나 막내 왕자는 차마 그러한 요청을 받아들이지 못했다. 오랜 세월이 흐른 뒤 그들은 숲에서 다시 해후하게 된다. 여우가 재차 자신의 불행을 호소하자 막내 왕자는 여우의 요구대로 여우를 죽여 여우의 머리와 발을 자른다. 그것은 숲에서 이루어진다.

　이때 여우는 인간, 공주의 오빠로의 변신에 성공한다. 이제 여우는 인간으로 변신해, 그의 처남으로 남는다. 여우는 자신의 불행을 해결해줄 사람은 오직 한 사람, 막내 왕자뿐이라고 고백했고, 그의 인간으로의 변신에 행복하다고 말한다. 여우는 왜 막내 왕자에게 행복하다고 말하는가? 인간으로의 환생 또는 변신 때문인가? 아니면 황금성의 황금 공주의 오빠로 변신했기 때문일까? 여우는 그동안 자신의 본 모습을 드러내지 못해 우울증에 빠져 있었던가?

생텍쥐페리의 『어린 왕자』에서도 여우가 등장한다. 이 작품에서 여우는 사막 한가운데 등장해 비행사에게 우정의 거리 또는 우정의 관계에 대한 조언을 남긴다. 이 민담의 경우, 막내 왕자와 여우와의 거리는 최대한 좁혀진 듯하다. 그러나 황금새를 왕국으로 가져온 막내 왕자에게 여우는 왜 자신을 쏘아달라고 말하는 걸까?

황금새란 무엇인가? 그 황금새는 왕국의 뜰에 열린 황금 사과를 훔쳐간 새가 아니던가? 그 새는 마법의 새가 아니던가? 황금새를 되찾은 왕국에서는 이제 다시금 황금 유토피아 세계가 전개된다. 그 곳에는 끊임없이 황금 사과가 주렁주렁 열릴 것이며, 황금새가 날아와 노래를 부를 것이다. 그런데 그러한 실현을 이룬 주체인 막내 왕자는 왜 여우를 숲에서 만나는가? 여우는 왜 막내 왕자에게 막내 왕자 스스로의 결단을 촉구하는가? 또한 그것이 자신의 구원이자 행복이라고 말하는가? 막내 왕자는 여우의 행복을 실현시켜주는 주체인가? 여우는 황금 유토피아를 실현시키기 위해 그의 불행을 종식시킬 수 있는 방법을 찾고 있는 것인가?

아니면 여우가 어느 왕국의 뜰에 열린 황금 사과를 훔쳐간 황금새가 아닐까? 막내 왕자가 맞춘 화살에 황금 깃털 하나를 남긴 황금새를 찾아 떠나는 여행길을 독촉한 것은 여우가 아니던가? 여우는 막내 왕자가 황금성의 공주와 함께 황금 고리의 원을 그려 다시 왕국으로 날아오도록 자신의 꼬리에 태워 귀환하게 하지 않았던가? 막내 왕자는 형들과는 달리 여우에게 총을 겨누지 않았다. 막내 왕자는 여우의 황금 표지를 받아 이제 새로운 통치자가 되었고, 황금 시대를 열었다. 그러나 여우는 인간으로의 변신을 원한다. 여우가 재차 총쏘기를 요청한다. 여우가 요청하는 총쏘기 행위는 막내왕자 스스로 내려야 하는 결단으로 보고 있다. 다시 돌아온 왕국에서 그가 내려야 하는 결단은 무엇인가? 여우가 우울했던 것은 여우가 생각한 바 깨달음에 미치지 못하는 막내 왕자의 우유부단함과 지혜의 한계 때문일까? 여우가 원하는 총쏘기의 의미는 새로운 왕국, 황금새의 나라, 유토피아를 조준해, 말하자면 그 실현을 위한 동반자로서 서로 우정의 띠, 황금의 고리를 맺어야 한다는 것은 아닐까? 여우는 말하자면 황금 고리를 최종적으로 맺어주고, 그 지혜를 깨닫게 하는 역동성이 아닐까? 총이나 활쏘기는 목표를 겨냥하는 것이고, 방향을 향해 조준하는 것이다. 무엇을 향해 조준한다는 것은 그것의 실체를 드러내기 위한 것이다. 융학파의 말을 빌려 말하자면, 이 민담의 경우, 총쏘기나 활쏘기는 막내 왕자의 내면 속 자기를 조준해 향해 가고, 확인하고, 드러내는 동력을 말하는 것이다.

02 _ 손 없는 아이

네 손이 너를 죄 짓게 하거든 그 손을 잘라 버려라. 두 손을 가지고 지옥에, 그 꺼지지 않는 불에 들어가는 것보다, 불구자로 생명에 들어가는 것이 낫다.

신약성서 마르코복음 9장 43장에 나오는 구절이다. 같은 내용이 마태복음, 마가복음에도 나온다. 인간의 신체 가운데 손은 깨끗한 손 또는 더러운 손으로 표지되면서, 천사 또는 악마, 말하자면 선악의 의미를 띤다. 손은 사물이나 사람들과 접촉할 수 있는 인지적 기능을 띤다. 기능에 장애가 있다는 것은 인지 능력 상실을 의미한다.

손 없이 삶을 살아간다는 것은 평범한 일상적 삶이 박탈당한 경우라 할 수 있다. 신체의 일부인 손을 통해 어떻게 주인공 삶의 구조가 짜여질 수 있는가? 이 민담에서는 손 없는 주인공을 통해 인간이 그럼에도 불구하고, 손이 어떻게 생성될 수 있는가 제시하고 있다.

이 민담의 경우, 여러 이본이 있는데, 손을 자르는 행위자가 계모의 사주를 받은 도둑들인 경우도 있고, 악마의 사주를 받은 아버지의 경우도 있다. 이 이야기의 공통점은 여주인공이 누군가에 의해 손이 잘리는 운명에 처해 있다는 것, 그것도 가족인 누군가에 의해 주도되어 손이 잘린다는 것이다.

손이 잘린다는 것은 어떤 의미를 띠는가? 그것도 악마와의 계약으로 인해 손이 절단된다면? 구약성서의 「욥기」나, 괴테의 작품 『파우스트』에서도 사탄이나 악마가 등장한다. 하느님과 사탄이 욥을 두고 욥의 하느님에 대한 신심에 대해 내기를 하기도 하고, 파우스트도 악마 메피스토펠레스와 계약을 맺어 실험대에 오르기도 한다. 이 민담의 주인공은 악마와 아버지에 의해 손이 잘리게 된다. 아버지의 재산에 대한 대가다. 이야기를 통해 살펴보면, 그녀가 손이 절단되기 이전에 갖은 불안과 공포를 극심하게 겪는 과정이 묘사되어 있다. 그러한 상황에서 그녀는 온몸을 깨끗이 씻거나, 자신의 온몸을 눈물을 흘려 적셔 악마의 접근을 막는다. 또한 손이 아버지에 의해 절단된 이후 그녀는 자신의 처지를 전혀 비관하지 않을 뿐만 아니라, 아버지에 대해 일말의 원망도 않고, 아버지의 재산을 탐하지 않으며, 단지 눈물을 흘리며, 슬픔에 잠길 뿐이다. 그녀가 흘린 눈물과 슬픔은 그녀 스스로를 정화시켜 나갈 수는 있어도, 그녀의 손 없는 상황의 심리적 불안과 공포를 모두 가라앉힐 수는 없다.

그림형제의 『어린이와 가정 민담집』에서 살펴보면, 물방앗간 주인이 가난에 쪼들리다가 악마와 계약을 맺으며, 부자가 되는 대신 그 대가로 딸을 악마가 데려가는 운명이었는데, 딸은 악마의 접근을 막으며 버티다가 결국 3일째 되는 날 악마가 아닌, 아버지에 의해 두 손이 잘리게 된다.

　결국 딸은 자신의 두 손을 내밀었고 아버지는 딸의 두 손목을 잘랐다. 그 후 악마가 또다시 찾아왔지만, 그녀가 너무나 오랫동안 흐느끼며 토막 난 상처부위에 눈물을 쏟아내는 바람에 그녀의 온몸이 눈물로 범벅이 되고 말았다. 마침내 악마는 그녀에 대한 모든 권리를 포기하고 고스란히 물러서고 말았다.(『어린이와 가정 민담집』)

　악마는 왜 아버지에게 딸의 두 손을 자르라고 거듭 요구하는가? 딸은 결국 악마에게 손이 잘리지는 않았지만, 자신의 아버지에 의해 두 손이 잘린다. 결과적으로 딸은 악마에게 끌려가는 신세가 된 아버지를 구하고, 아버지가 악마와 맺은 재산 또한 소유할 수 있게 한다. 그러나 그 대가로 아버지에 의해 자신의 손이 절단된 후, 그녀는 홀로 자신의 잘려나간 두 손을 눈물로 씻어 위로하고, 자신의 두 손 없는 삶을 행복하게 하는 과정을 밟게 된다. 그녀는 악마와의 인연뿐만 아니라, 아버지와의 인연도 끊었기 때문에 오히려 자기 길을 당당하게 걸어갈 수 있게 된다.

　"안 돼요, 아버지. 저는 집에 머무를 수 없어요. 전 집을 떠나야 해요. 세상 사람들은 제가 필요한 만큼 저한테 친절을 베풀어주실 거예요."
　딸은 손목이 잘려진 두 팔을 등 뒤에다 묶어 달라고 하고는 해가 뜨자 길을 떠났다.(『어린이와 가정 민담집』)

　주인공의 이러한 결단은 홀로 자기실현을 위한 가능성을 연 것이다. 주인공은 어느 의미에서 지극히 무모한 행위이지만, 그러한 재산적 가치를 추구하는 주변의 누구와도 손잡지 않고, 하등의 도움도 필요하지 않는다. 바로 그러한 결정이 이 민담 속에서 상징적 의미를 띤다. 딸은 손이 절단된 사람으로서의 자신의 운명에 철저히 집중한다. 자신이 성장한 가족의 품을 떠나 홀로서기를 시작한 것이다.

 주인공은 운 좋게 천사의 도움을 받아 배우자가 된 왕의 정원에 들어가 달밤에 배나무에 열린 배를 먹으며 생명을 부지하게 된다. 민담에서는 배나무나 배는 상징성을 띤다. 시기적으로 성년기에 이르러 결혼할 시기임을 알리는 것이다.

 이 이야기는 라푼첼처럼 자신의 삶을 자율적으로 선택하는 여성의 이야기다. 여기 여주인공은 손이 잘렸다가 재생한다. 우리는 손으로 온갖 일을 한다. 손으로 악수도 하고, 약속도 하고, 아이를 안아 주기도 하고, 끌어안아 젓을 먹이기도 하고, 손으로 토닥이기도 하고, 위로도 하게 된다. 손에 자신의 마음을 담아 반가움을 전달하기도 하고, 물질적 선물을 전하기도 한다. 손이 없으면 인간의 감정이나 마음 전달이 힘들다. 그러기에 수많은 회화에서 손의 표정이 그림의 분위기를 주도하기도 하지 않는가?

 딸과 딸의 아버지, 악마, 왕, 왕의 어머니와의 관계에서 딸의 손은 절단된 상태다. 주인공은 손이 잘린 상태에서 길을 떠났다가, 왕을 만나 결혼을 하고, 은수를 선물 받지만 그 손은 자신의 손이 아니다. 다시금 왕과의 결혼에서 오해와 갈등이 발생한다. 왕은 전쟁터로 나가고, 그 사이 주인공은 쌍둥이를 낳는다. 그러나 왕에게 기쁜 소식을 전하는 편지 전달 과정에서 악마가 개입한다. 주인공은 왕과의 가족 관계에서 오해를 받게 되자, 다시 홀로서기를 결행한다. 이제 아이를 업은 엄마의 모습이다. 길을 나선 주인공은 목이 타들어가듯 갈증에 시달리게 되자 우물에 몸을 기운 채 물을 마시게 된다. 순간 업고 있던 아이가 등에서 미끄러져 우물에 빠지기 직전에, 아이의 생명을 살리고자 본능적으로 엄마의 손은 생성된다. 목이 말라 견딜 수 없는 궁지에 몰린 상황에서, 가장 손의 기능이 절박하게 필요한 상황에서 아이를 살리고자 하는 본능적 사랑, 즉 모성애가 형성되는 것이다. 우물 속에서 모성애가 살아난 것이다. 모성애 없는 아이와의 결합, 그리고 왕과의 재결합은 불가능한 것이다.

  그리하여 그녀는 그 곳을 다시 떠나 다른 우물을 찾았다. 거기서 왕비는 몸을 숙여 물을 마셨다. 그때 가슴에 메어 있던 아기 하나가 미끄러져 거의 물에 빠질 뻔했다. 그녀가 손 없는 팔을 내밀자, 물 속에서 그녀의 손이 다시 생기는 것을 느꼈다. 그리하여 다른 쪽의 팔도 물에 담갔고 그 팔에도 새로운 손이 생기게 되었다.
  불쌍한 왕비는 너무 행복했고 다시 여정을 떠났다.(『독일 민담집』)

  아주 크고 깊은 숲에 다다랐을 때 그녀는 두 무릎을 꿇고 하느님께 기도를 올렸다. 그러자 하느님의 천사가 그녀 앞에 나타나 그녀를 '누구나 머무르는 집'이라는 문패가 달린 조그만 오두막집으로 안내했다. 그리고 눈처럼 하얀 옷을 입은 한 천사가 그 오두막집에서 나왔다.
  "어서 오세요, 왕비님."
  천사는 왕비를 안으로 데리고 들어갔다. 그러고는 왕비의 등에 묶여 있는 아기를 풀어내려 자신의 품에 안고 젖을 먹였다. 젖을 다 먹인 뒤 천사는 아름다운 침대에 아기를 눕혔다.

왕비가 천사에게 물었다.

"내가 왕비라는 걸 어떻게 알았소?"

그러자 하얀 옷을 입은 천사가 대답했다.

"전 하느님께서 왕비님과 아기를 돌봐 주라고 보내신 천사입니다."

그리하여 왕비는 그 오두막집에서 7년의 세월을 편히 잘 보냈다. 그리고 그녀의 깊은 신앙심과 신의 은총에 힘입어 잘렸던 그녀의 두 손은 다시 자라났다.(『어린이와 가정 민담집』)

아이와 천사들은 모두 여주인공의 모성애 기능들이다. 내면적 자율 기능들이 활성화되어 역동성을 띠기까지 7년의 세월이 흘렀다. 서기 750년경 이야기로 추정되는 중세 성담, 제노베파Genovefa 전설에서도 이와 같은 모티프가 나온다. 제노베파가 동굴에서 아이와 함께 산 세월이 7년이다. 아이가 암사슴의 젖을 먹고 산 기간이다.

지크프리트 백작에게 제노베파라는 부인이 있었다. 그가 전쟁에 나가 있을 때 부인은 임신을 한 상태였다. 백작의 하인 중 한 사람이 그 부인을 사모했는데, 거절당하자 그녀를 비방 모략했다. 그는 백작에게 그의 부인이 요리사와 정을 통했다고 편지를 썼다. 그로 인해 그녀는 백작의 지시로 재판을 받게 되었고, 사형에 처해져 감옥살이를 하게 되었다. 하인들이 그녀를 살려 주어서, 그녀가 감옥에서 낳은 아이와 함께 숲으로 가서 동굴에서 살게 되었다. 그 속에서 알려진 바에 따르면 아기는 어느 암사슴의 젖을 먹고 자라게 된다. 어느 날 백작은 자신이 내린 판결에 의구심을 품게 되었다. 7년이 지난 후 암사슴이 그를 동굴로 안내했다. 동굴 속에는 그의 부인이 있었는데, 그 순간 그녀는 성녀로서의 삶을 마감하고 죽음을 맞이하게 되었다.

　실제 이야기가 성인의 전설이 되어 전해 내려오는 이야기를 성담이라고 한다면, 이 성담의 비극적인 결말과 달리 민담에서는 해피엔딩이 주효하다. 제노베파가 억울하게 누명을 쓴 기간은 7년이다. 왕이 자신의 오해로 인해 사랑하는 부인과 관계를 끊은 기간인 것이다. 왕과 제노베파와의 재회는 제노베파의 죽음과 함께 끝난다. 그러나 그녀는 억울한 누명을 벗었다. 그리고 그녀의 죽음과 함께 가족과의 연대는 맺어진다.

　손이 잘린 딸은 아내에서 엄마가 되어서야 잘렸던 손이 자란다. 아이들의 성장과 함께 손이 자란다. 여기서 손은 가족과의 관계를 상징한다. 손이 자란다는 것은 서로간의 관계가 복원되는 것이다. 손은 아이에 대한 사랑과 배려에서 치유되고 재생된다. 아이의 성장과 함께 가족과의 관계가 사랑의 관계로 맺어지는 것이다. 민담에서 강조하는 것은 결론이 아니다. 이야기의 과정이 상징성을 띠면서 활동하는 데 있다. 주인공인 엄마는 7년 동안 천사의 보호 아래 아이를 키우며 살았다. 그 집은 모성애를 성장시키는 곳이다. 왕도 7년 동안 가족을 찾아 헤맨다.

　7년이라는 기간은 아이의 부모인 왕과 왕비의 모성애 기간이기도 하지만, 이 민담에서는 아이 자신의 정신적 육체적 성장 기간을 말하며, 아이들의 아버지 확인 과정이기도 하다. 아이 스스로 자기 삶을 구축하는, 또 다른 단계의 시작을 의미한다. 이 시기에 아이는 자신의 부모 또는 자신의 뿌리를 알아가게 되면서, 자신의 개성을 찾아간다. 『독일 민담집』에서는 아버지의 팔과 다리를 쌍둥이가 힘을 합해 들어 올리는 것으로, 머리 부위는 아내인 주인공의 역할로 명시하고 있다. 아버지의 팔과 다리를 인지해 들어 올린다는 것은 아버지의 육체를 아이의 손으로 접촉해, 아버지를 느끼고 사랑하게 되는 체험적 의미를 띠며, 남편의 머리를 아내가 들어 올린다는 것은 그녀의 남편을 이제는 자신의 손으로 정신적 존재로서 인지, 확인하는 것이다. 비록 엄마의 명령에 따른 것이긴 하지만, 이러한 과정 끝에 왕은 부인이라는 존재를 손으로 확인하며, 손이 재인식되면서 가족 간의 최상의 행복의 단계는 실현되는 것이다.

이때의 손은 절단되었다가 재생된 손이기에 오히려 보다 강한 역동성을 띤다. 왕과 왕비의 새로운 연대, 고리, 가족관계가 새로이 맺어지는 것이다. 손이 생성되면서 아이와의 결합, 남편과의 재결합이 형성되고, 이 가족의 카이로스적 시간, 행복 실현이 가능한 것이다.

이 민담에서만큼 손의 의미를 강조, 명상하게 하는 이야기도 없을 것이다. 이 민담에서 손의 절단과 재생은 가족과의 단절과 재결합으로 묘사된다. 재결합 과정에서 아이에 대한 엄마의 모성애가 상기되면서 손은 살아나고, 남편이 선물한 의수가 아닌, 아내의 진짜 손을 확인하고 나서야 남편인 왕은 자신의 아내임을 인지하게 된다. 또한 아이들이 두 손으로 아빠의 팔 다리를 들어 올리는 등, 이 민담에서 손과 팔, 다리, 머리 등 신체적 부위는 이야기 끝까지 그 의미를 완결시킨다.

신화에서 아들이 아버지를 확인하는 파에톤이야기가 연상되기도 한다. 아버지를 모르고 성장한 파에톤이 사춘기가 되자 아버지를 알고 싶어 한다. 어머니에 의해 아버지가 태양신 헬리오스라는 사실을 알게 된 파에톤은 아버지를 찾아가 태양마차를 하루 동안 몰 수 있는 선물을 받게 되지만, 마차가 제 궤도를 이탈해 온 대지를 불태우자, 그는 제우스에 의해 벼락을 맞아 죽게 된다.

　　파에톤이 아버지 입증 단계에서 드러나는 비극적 한계가 이 민담에서는 손의 상징성을 통해 보다 인간적 행복의 역동성을 띤다 하겠다. 이 민담의 주인공, 손 없는 아이의 손은 비록 절단은 되었지만, 가족, 즉 인간에 대한 관계가 악마적 의미, 물레방아간 주인 아버지의 물질적 이해관계로 인해 더럽혀진 것이 아니다. 그녀의 손은 모성애로 대변되는 인간 생명에 대한 따뜻한 사랑을 품을 때 재생하는, 눈물로 자신의 온몸을 정화시킨 끝에 되살아나는 것이기에 인간 생명을 유지시키는 인지적 손, 인간관계의 재결합의 생명 고리로서 되살아나는 것이다.

03 _ 수정공

　　우리 인간의 상상력은 어디까지일까? 우리 인류는 언제부터 상상력을 지니게 되었으며, 삶의 주제와 소재를 통해 이야기를 엮어 짜게 되었을까? 인류는 인간 삶의 주제를 오랜 기간을 거쳐 다루어왔다. 인류는 호모 나란스 Homo Narrans가 아니던가?

　　「수정공」 이야기의 주제는 사랑이다. 사랑은 인류의 오래된 주제다. 사랑은 여러 세부적 갈래를 치지만, 민담의 80%는 에로스가 지배적이다. 이야기 과정에서 보면 사랑은 문제의 치유제다. 이야기의 문제적 시점에서 사랑에 대한 활동성은 시작된다. 이야기 속에서 사랑은 마법을 주문하고, 어떠한 위험한 모험도 감내한다. 불안한 마음 속 분열을 치유할 수 있는 것 또한 사랑이다. 사랑은 보이지 않는 마음 속 그리움을 향해 찾아가는 영혼 여행이며, 그 목적에 이르게 하는 역동성이다.

이 민담에 제시되어 있듯이 사랑만이 공포의 탈을 쓴 숨은 연인의 참다운 본질, 맑고 순수한 수정의 아름다움을 빛나게 할 수 있다. 사랑의 마법만이 그것을 가능하게 한다. 사랑이 공포나 불안보다 강하다는 것을 드러내려면 마법의 상상력 없이는 불가능하다.

「수정공」은 읽다 보면 여러 민담들이 연상 또는 유추되기도 한다. 그러나 그럼에도 불구하고 이 이야기 속 모티브들은 아주 짧막한 이야기 속에서 상징적 생명력을 띠고 있으며, 역동적이다.

「수정공」의 첫 문장은 여성 마법사가 아들 셋을 두고 살았는데, 세 아들들의 형제애는 남달리 두터운 것으로 기술되어 있다. 민담 속에는 어머니상이 여러 형태로 묘사되어 있다. 친모와 계모, 마녀와 마법사로 다루어지고 있는데, 이 민담 속 어머니는 최고 여신급 여성 마법사다. 이 민담에서 늙은 마법사 어머니는 아들들이 자기의 힘을 빼앗을지도 모른다고 의심한다. 그래서 그녀는 맏아들을 독수리로 만들었고, 둘째 아들을 고래로 만들었다. 셋째 아들은 어머니가 자신도 곰이나 늑대 같은 거친 야생 동물로 만들 것이라는 생각에 잔뜩 겁을 먹고 있었다. 말하자면, 어머니는 하늘과 바다와 땅 모두를 지배하는 마법 세계의 초능력 마법사다. 세 아들을 인간답게 자율적 인간으로서 살아가게 하는 것이 아니라, 자신의 마법 속에 세 아들을 감금시키는 어머니 마법사인 것이다.

그러나 다행히 이 세 형제의 형제애는 두텁다. 형들에 대한 연민의 정을 느낀 셋째 아들은 어머니의 마법으로부터의 도피를 결심한다. 그가 도피할 곳은 어디인가? 그가 언젠가

들은 바 있는, 황금해의 성에 마법에 걸려 갇혀있는 공주다. 어머니로부터의 도피는 어머니를 대체할 어떤 여성, 자신의 어머니가 아닌, 자신 보다 더 사랑할 수 있는, 자신을 구원할 수 있는 대상을 찾아가는 것이다. 셋째 아들은 용기가 있었으므로 공주가 갇혀 있는 황금해의 성을 찾아가기로 마음먹고 길을 떠난다.

민담 속에는 세 아들 모티브가 자주 나온다. 세 아들, 세 딸, 또는 세 번의 시험대가 제시된다. 이야기의 길이로 보나, 재미로 보나 세 번은 거쳐야 보완의 힘이 구성될 것이다. 그리고 그것은 단지 재미를 위한 것만은 아닐 것이다. 민담에서 숫자 3은 역동성을 띠는 경우가 대다수다. 민담은 인류의 보편성을 띤다고 한다. 그렇다면 민담은 인간의 삶에서 특수성이 아닌 일반적인 보편성을 추출해서 추상적 문제로 표현된 이야기가 된다. 특수한 개인적 삶의 이야기가 보편적 이야기로 재구성되는 것이다.

만일 셋째 아들이 황금성을 쉽게 찾게 된다면, 공주를 발견하는 의미 또한 퇴색될지 모른다. 공주에 대한 사랑 또한 미미할지 모른다. 그러나 그는 숲 속에서 길을 잃게 되었을 때, 두 명의 거인이 건네주는 마법 모자에 의해, 의도하지 않았던 황금해 성의 공주를 찾아가는 행운아가 된다. 공주의 모습은 그러나 셋째 아들의 상상과는 어긋나며, 추하기조차 하다. 그러나 공주의 진정한 모습은 속임수를 쓰지 않는 거울을 통해 확인된다. 공주를 구원하고자 목숨을 바친 용기있는 셋째 아들은 그러나 공주의 두 뺨에 흘러내리는 슬픔의 눈물을 보자 공주를 구원할 방법을 찾는다.

"어떻게 하면 당신을 구할 수 있겠소? 난 아무 것도 두렵지 않소."
셋째 아들이 말했다.
"누구든지 수정공을 가져다가 마법사에게 내밀면 그 마법사의 힘은 깨지고 나는 원래의 모습으로 돌아갈 수 있어요. 하지만 이것 때문에 벌써 많은 사람들이 죽었어요. 그리고 당신까지 위험에 처하게 된다면 나는 정말 큰 슬픔에 빠지게 될 거예요."

셋째 아들이 공주가 제시한 수정공을 찾아가는 과정은 하늘도, 바다 속도 아닌, 땅 위에서다. 그는 대지의 기운을 지닌 사나운 들소를 만나 싸워 이겨야 하고, 만일 들소가 죽을 경우, 들소의 몸에서 날아오르는 불새가 품은 알 속에 있는 수정공을 무사히 거머쥐어야 한다. 말하자면 셋째 아들의 수정공 쟁취법은 흙의 기운을 지닌 사나운 들소 속에 있는 불새의 불 기운과의 싸움이다. 불새가 거머쥐고 비행 중인 알은 불에 타고 있기 때문에, 땅에 떨어지면, 그 일대가 불바다가 되어 수정공은 형체도 없이 다 타버린다. 이 위기의 순간에 첫째 형 독수리의 비행과 둘째 형인 고래의 도움이 절실하며, 불새의 불기운은 바닷물로써 제압되지 않으면 안 된다. 셋째 아들이 알을 거머쥐게 되지만, 수정공은 알 속에 달걀의 노란자위처럼 박혀 있다. 불 속에 있다가 물이 닿으면서 껍질이 깨져야 수정공은 온전할 수 있다. 말하자면 수정공은 불과 물의 오묘한 작용과 통합을 거쳐 형성되는 신비한 체계인 것이다.

수정은 땅 속 광산에서 캐낸 보석, 결정체다. 셋째 아들은 대지의 원소인 불과 물의 통합된 체계인 수정공의 지배자가 된다. 또한 그는 둥근 원 형태를 띤 황금해의 성주가 된다. 두

형의 차디찬 냉기와 바다 습기는 셋째 아들을 도움으로써 따뜻한 해의 기운을 받아 형제애를 되찾게 되고, 그 순간 세 형제 모두 어머니 마법에서 벗어나 온전한 본래 모습을 되찾게 된다. 서로간의 마음의 합일이 어머니 마법사에 대한 불안과 공포를 이겨낸 것이다.

셋째 아들이 찾아간 황금해의 성은 공주와 함께 하는 사랑의 공간이다. 말하자면 셋째 아들은 저 차디찬 창공을 나는 독수리나, 끝없는 심연으로 잠수하는 고래가 아닌, 어머니의 불안을 사랑으로 극복한 주인공이 되는 것이다. 그러할 때 형들도 인간화되며, 성도 마법사의 성이 아닌 사랑의 성으로 환원되는 것이다.

이 민담은 1850년에 출간된 『어린이와 가정 민담집』 제 6판에 실린 이후 197번을 달게 되는데, 비교적 잘 알려진 이야기라고 볼 수는 없다. 이 이야기는 이미 1815년 프리트문트 폰 아르님(Friedmund von Arnim)이 출간한 민담모음집에서 14번을 달고 「황금해의 성」 제명으로 소개된 이야기이다. 다른 민담에서와 달리 이 민담에서는 독수리, 고래, 들소가 제시되면서, 하늘, 바다, 대지의 세 세계를 지배하는 동물로 예시되고 있다.

그런데 이 동물들은 세 동물의 특징이 도스토옙스키의 명작 『까라마조프 형제들』에 나오는 아들들의 특징을 연상시킨다. 큰 아들인 드리트리의 열정과 충동적 성격이 고래처럼 바다 밑에서 활기차게 헤엄쳐 다니는 에너지와 내면적 욕구를 분출하는 모습으로 볼 수 있다면, 둘째 아들 이반의 무신론적이고 이성적, 냉랭한 지적 오만함은 독수리가 창공을 홀로 비행하는 모습을 연상시키기도 한다. 또한 셋째 아들 알료샤는 수도사의 길을 걷다가 수도

원 장상 조시마의 조언을 받아들여 세속으로 돌아온다. 이 민담의 셋째 아들처럼 인간에 대한 사랑으로 제시, 대지적 의미가 강하게 읽혀지고, 그의 환속은 보편적 인류애로의 지향적 의미를 띤다.

 소설 속 알료샤와 마찬가지로, 민담 속 셋째 아들은 날개가 달려 하늘을 날아 지상을 떠날 수도, 물 속으로 잠수해 도피할 수도 없는, 인간과 인간 사이에서 따뜻한 사랑을 나누는 황금해의 성을 염원했던 것이다. 이 민담에서처럼 민담의 의미상이 상징적 의미를 띤다면, 도스토옙스키만큼 이 민담의 심층적 깊이를 드러낸 작가도 없을 것이다. 그러나 괴테가 말하듯이 상징적 표현이란 아무리 드러내도 모두 채워지지 않는 용기라 할 수 있다. 괴테의 표현에 따르면,

 상징적 표현은 현상을 생각으로, 그 생각이 하나의 상으로 바뀌고, 그 생각이 상 속에서 끊임없이 작용하지만 도달하기 불가능하며, 모든 언어 자체 속에서 표현되지만 다 표현되지 못한다.

 괴테의 말에 따르면, 인간이 경험하는 자연 현상을 인간이 인간의 표현 수단으로 다 퍼담을 수 없을 때 상징적 표현이 형성된다고 한다. 도스토옙스키가 서술한 인간 유형이 아무리 깊고 심오해서 그 깊이를 가름하기 어렵다 하더라도, 민담의 상징성과 연계되어 그 이해의 그물망을 짤 수 있다는 것은 인간 상상력의 역동성 때문 아니겠는가? 그런 의미에서 볼 때 민담 「수정공」은 민담의 상징성과 심층심리학적 해석을 심화할 수 있는 열린 체계를 띤 이야기라 아니할 수 없을 것이다.

04 _ 샘물가 거위치기

   민담의 제목에서 살펴볼 때 이 민담은 어느 거위치기에 대한 이야기다. 그런데 이 거위치기는 샘물가 거위치기로 국한된다. 이야기는 어느 숲 속 할머니에 대한 서술로 시작하며, 할머니는 거위치는 할머니다. 민담은 서두부터 할머니에 대한 서술에서 시작하고, 끝마무리도 동화적 해피앤딩이 아닌, 할머니가 마녀가 아니라, 지혜로운 할머니였으며, 공주의 눈물을 진주로 축복해준 분이었음을 역설하면서 할머니에 대한 상상의 여지를 남긴다. 거위치기 할머니는 주인공 샘물가 거위치기가 아니다. 그렇다면 샘물가 거위치기는 거위치기 할머니와 어떤 연관성을 띠는 것일까?

   할머니가 키우고 있는 거위나 오리는 농가에서 키우는 가금류다. 거위는 자신의 둥우리를 잘 지키고, 새끼를 잘 기른다고 한다. 그런 의미에서 거위는 모성애적 의미를 띤다고 볼 수 있다. 그리고 이 이야기 속 거위는 숲 속에 보금자리를 마련하고 있다. 이 할머니는 집에서 쫓겨난 왕의 셋째 딸을 돌볼 뿐만 아니라, 그녀와 백작을 맺어주기도 한다. 할머니는 셋째 딸이 흘린 눈물의 의미를 알고, 축복해주는데, 그 축복은 물질적 선물이 아닌, 숲 속 할머니의 마법적 세계, 백작과 셋째 딸의 사랑의 결실이자, 눈물이 진주로 결정되게 하는 모성애적 역동성이다.

　이 민담은 셰익스피어의『리어왕』에 나오는 아버지와 세 딸을 연상시키기도 하는데, 민담 속 '세 딸 모티브'와 연관되어 다루어지고 있다. 셰익스피어의 리어왕 이야기는 현실적 비극으로 치닫는 반면에 민담 속 이야기에서는 셋째 딸이 두 언니들과 차별성을 띠면서 전개된다. 아버지의 질문과 셋째 딸의 답변에 따른 아버지의 진노는 셋째 딸에 대한 처벌과 갈등으로 표출되면서 비극적 단계로 치닫는다. 셋째 딸은 부모로부터 버림을 받으나, 자신만의 진실을 믿고, 자신의 자율적 사랑을 찾아가는 과정을 밟게 된다.

　「아모르와 프시케」, 「신데렐라」 등 딸 셋이 등장하는 이야기들에서 셋째 딸은 프로이트가 말하는, '죽음의 여신'에서 '사랑의 여신'으로 변신하는 주인공이다. 말하자면 부모로부터 버림받고 나락의 경험을 한, 프로이트에 따르면, 우울증을 겪는 인물이다. 이때 거위치기를 하는 숲 속 할머니의 도움 없이는 이 증세를 호전시킬 수가 없다. 셋째 딸은 자신의 본 모습이 아닌, 거위치기의 껍질을 뒤집어쓰고, 거위와 함께 살며, 거위치기로서 숲 속에 머무른다. 말하자면 거위 껍질쓰기 기간은 3년간이며, 그 동안 할머니는 거위치기가 된 셋째 딸과 사랑으로 맺어줄 백작을 만나게 한다. 할머니는 백작의 인간적 동정심을 인지하고, 그를 마법에 걸려들게 한다. 이때에 서로의 존재를 확인해주는 것은 반토막난 칼이나 거울이 아니다. 공주의 눈물이다. 그 눈물은 슬픔의 눈물이며, 자신의 부모가 자신을 몰이해한 데서 오는 슬픔의 증표다. 아버지는 자신의 딸들에게 자신에 대한 사랑을 테스트하였고, 셋째 딸은 아버지를 소금으로 비유했던 것이다. 딸은 소금을 모든 음식에 꼭 필요한 요소로 보았고, 따라서 그녀는 왕인 아버지가 가족이든 국가든 모든 분야에서 없어서는 안 되는, 우리 생명에 가장 필수적인 나트륨만큼이나 소중한 존재라고 보았던 것이다.

셰익스피어의 『리어왕』에서 리어왕은 세 딸에게 유산을 분배하면서 자신에 대한 사랑을 확인하고자 한다. 세 딸 가운데 두 딸의 거짓된 과장과 허언, 그리고 언니들과 다른, 셋째 딸의 아버지에 대한 사랑 고백이 이어진다. 셋째 딸은 아버지에 대한 사랑을 나름 성찰하고 그 결과를 아버지에게 있는 그대로 표현한다. 셋째 딸은 자신을 낳아준 아버지를 딸로서 의무와 사랑을 다해 모시는 기쁨 이외에 어떤 다른 감정이 없노라고 고백한다. 딸의 아버지에 대한 사랑 고백을 이해하지 못한 아버지는 딸을 궁에서 쫓아낸다. 그러나 셋째 딸 코델리아는 아버지가 언니들의 감언이설에 속아 처참하게 버림받는 신세로 전락하게 되자 아버지를 구하려다가 비극적 종말을 맞는다. 아버지도, 셋째 딸도, 두 언니들도 모두 죽음을 맞는다. 부녀간의 사랑 갈등이 비극적인 죽음을 몰고 온 원인으로 작용하는 것이다. 희곡 『리어왕』에서는 철저히 현실적 파국만이 제시되고 있다. 『리어왕』에서 동화적 상징법은 제시되지 않는다.

이 민담에서는 리어왕의 파국적 불행은 지양되고, 눈물을 쏟는 공주의 모습이 연속적으로 부각된다. 눈물은 동화적 상징법을 띠고 전개된다. 자신의 무거운 짐을 들고 힘들게 언

덕길을 오른 백작에게 할머니는 수고의 대가로 취옥에메랄드로 조각한 상자를 주면서 셋째딸의 부모님께 주라고 선물한다. 그 속에는 공주가 흘린 눈물이 진주가 되어 담겨 있다. 이 눈물 진주를 확인한 공주의 어머니는 죽은 줄만 알았던 딸이 살아있다는 것을 알게 되고, 찾아 나서게 된다.

   진주는 조개에서 태어난 비너스의 미를 상징한다. 미란 비너스의 고통, 가슴앓이에서 태어난 진주이다. 진주는 언니들이 왕으로부터 받은 땅보다 더 값어치 있는 것이고, 백작의 사랑 또한 셋째 딸의 사랑에 필수적인 것이다. 숲 속 할머니는 이러한 과정을 매개시켜주는 촉매자이다.
   진주가 담겨있는 취옥에메랄드 상자란 무엇인가? 상자 속에 공주의 눈물이 담겨있다. 눈물은 진주처럼 고통을 의미하기도 하지만, 눈물을 흘림으로써 고통을 승화시키는 아름다움을 뜻하기도 한다. 백작은 마치 사신 헤르메스가 된 양 할머니가 주신 선물을 셋째 딸의 부모에게 전달한다. 이때 숲 속 할머니는 선물의 의미를 부여하는 신적 존재 같다.

   이러한 일련의 과정들은 모두 할머니에 의해 주재되며, 할머니는 공주가 숲 속에 들어온 지 만 3년이 되어 가자 그녀의 활동은 보다 활기를 띤다. 그러나 할머니의 물레질은 공주가 숲 속에 온 이후, 아니 그 이전부터 지속적으로 한 작업이다. 그리고 공주는 올빼미가 3번 우는, 밝은 보름밤이 되면 숲 속 샘물가에 가서 얼굴에 쓰고 있던 가죽을 벗고 정갈하게 세수를 한 뒤 슬픔의 눈물을 흘리고, 다시 먹구름이 달빛을 가리면 얼굴에 가죽을 다시 쓰고 황급히 집으로 돌아와야 했다. 이것이 공주가 할머니의 물레질과 함께 했던 작업이다. 이때에 공주의 눈물은 모두 진주가 된다. 이러한 눈물이 진주가 되는 작업은 공주에게 일임된 것으로 그것은 얼굴 껍질이 벗어지고, 자신의 참모습이 달빛에 환하게 드러낼 때만 가능하다. 또한 샘물가에서만 가능하다.

  할머니가 백작에게 준 취옥에메랄드 상자 속 진주 선물은 실은 할머니가 백작에게 준 밀명이다. 이러한 공주의 혼자만의 작업은 백작에게 처음으로 확인, 전달되면서, 드디어 공주의 부모님과의 재회가 가능해진다. 숲 속 할머니 집으로 가는 길을 안내하던 백작은 공주의 부모님보다 먼저 한밤중 샘물가에서 눈물을 흘리고 있는 공주를 알아차리고, 그녀의 아름다움에 황홀해 한다. 눈물은 공주의 머리카락을 타고 흘러내리면서 무수한 진주가 된다.
  그리고 주목되는 점은 처음 할머니 집에서 만났을 때 백작의 눈에 30살도 더 늙은 여자로 여겨졌던, 거위처럼 못생긴 공주가 샘물가에서 세수를 하고 난 후에는 아름다운 모습으로 비추어진다는 것이다. 그러나 처음 샘물가에서 한없는 슬픔의 눈물을 흘리는 모습을 보였던 공주는 백작이 자신을 찾아오는 과정에서는 같은 장면인데도 공주의 슬픈 모습은 생략된다. 공주는 자신의 참모습을 백작이 확인한 이후에는 눈물을 흘리지 않는다. 그리고 공주가 자신의 참모습을 확인한 백작과 함께 부모님과 만나게 된 장소는 숲 속 할머니의 집이다. 아름다운 비단옷을 입고 부모님을 기다리던 공주는 이때 한없이 기쁨의 눈물을 흘린다.

"애야, 내 나라는 이미 다 물려줘 버려 너를 위해 물려줄 것이 아무 것도 없구나."
  그때 할머니가 말했습니다.
"공주에게는 아무 것도 필요 없답니다. 공주가 당신 덕분에 흘린 진주를 내가 선물로 줄

테니까요. 그건 진짜 진주인데다가 바다에서 캔 어떤 진주보다도 아름다워서 당신 나라를 다 합해도 그만한 값이 되지는 않을 거예요. 그리고 공주가 그 동안 수고한 대가로 이 집도 물려줄 생각이에요."

눈물이 고통이 아닌 기쁨의 진주가 되고, 그 진주가 부모의 물질적 유산 가치보다 더 값나가고, 아름다운 사랑의 최대치를 지닌다는 명언을 남긴 채, 자신의 숲 속 오두막집을 누구보다도 큰 궁전으로 변신시킨 후 공주에게 소중한 유산을 남긴 채 할머니는 홀연히 사라진다. 할머니가 돌보았던 거위들 모두 아름다운 인간으로 변신해 공주의 하인이 되어 그 궁전을 지키게 된다.

이 민담에서 주목되는 점은 할머니가 3년간 공주의 삶에 물레질하면서, 공주의 슬픔을 기쁨의 눈물로 승화시켰다는 것이다. 그러한 과정과 동시에 백작의 내면 속 참 여성상이 확인된다. 말하자면 백작의 내면 속 공주의 모습, 즉 융이 말하는 바 백작의 아니마상이 보름달 아래 환하게 드러난다.

이러한 과정에서 껍질벗기 모티브는 역동성을 띤다. 이 민담에서는 공주의 얼굴, 즉 얼굴껍질 모티브가 제시된다. 껍질은 달빛 아래에서 벗겨지며, 아름다운 신비한 여성상을 드러낸다. 민담 「털복숭이 공주」에서는 거의 전신을 가리는, 나라 안 온갖 짐승의 껍질로 만들어진 외투가, 「당나귀 왕자」에서는 당나귀 껍질이 이미 온 몸에 덮힌 채로 왕자님이 태어나기도 한다. 이 민담에서는 백작과의 첫 만남에서 늙은 거위의 모습을 띤 못생긴 여성으로 비춰진 공주가 달빛 아래서 얼굴 껍질을 벗고, 눈물 흘리는 아름다움을 확인하고 난 후 백작은 사랑에 빠지게 된다. 이야기 속에서 껍질벗기는 환상적인 변신의 모습으로 전개된다. 이 민담에서는 백작의 내면 속 여성상이 샘물가 달빛 아래 신비하게 비추어진다. 샘물가에서 흘린 슬픔의 눈물은 껍질이 벗겨지면서 사랑과 기쁨의 눈물로 바뀌었던 것이다.

「샘물가 거위치기」는 집에서 쫓겨난 어느 여성의 판타지인가? 아니면 자율적 삶을 추구하는 어느 여성이 꿈꾸는 판타지인가? 아니면 숲 속에 사는 할머니가 꿈꾸는 젊은 여성, 셋째 딸에 대한 판타지인가? 아니면 샘물가 거위치기는 보름달 아래 얼굴 가면을 완연히 벗고 자신의 아름다움을 확인하는 어느 젊은 여성의 황홀경인가? 어떤 판타지에 해당하던 간에 보름달 아래 껍질을 벗고 샘물가에서 제 모습을 드러내는 여성의 아름다움은 가히 여성만의 아름다움의 극치이자, 이를 바라본 남성의 황홀경 또한 아니겠는가? 그런데 무엇보다도 숲 속 할머니, 말하자면 자연모의 보름달 마법이 없다면 이러한 황홀경은 가능할 수 없지 않겠는가?

05 _ 수의

　그림 주석에 따르면 이 민담의 출처를 바이에른 주, 또는 덴마크 민요 등으로 밝히고 있으며, 『어린이와 가정 민담집』에는 최종판 109번으로 실린다. 이 민담의 몇 줄 안 되는 줄거리는 이렇다.

　7살 먹은, 사랑하는 어린 아들이 죽자, 이를 애통해 하는 엄마가 눈물로 세월을 보내게 된다는 것. 죽은 아들이 어느 날 엄마의 꿈 속에 나타나 자신의 수의가 엄마의 눈물로 인해 늘 젖어 있어 잠을 잘 수 없다고 불평하자, 엄마는 그 즉시 눈물을 멈추게 되고, 이후 죽은 아들은 땅 속 작은 침대에서 편한 잠을 자게 되고, 혼자 살아 남은 엄마는 사랑하는 아들을 잃은 아픔을 참아가며 아들의 죽음을 이겨나가게 된다는 것이다.

　루트비히 베히슈타인은 1853년 최종판 『독일 민담집』에 제명 「눈물단지」를 26번째 이야기로 실었다. 이 이야기에 따르면 아이가 병이 들어 죽게 되자 엄마가 3일 밤낮을 애통해 하며 눈물을 멈추지 않는다. 그러자 죽은 아이가 엄마 앞에 나타나 이렇게 말한다. 애도의 천사가 모아둔 엄마의 눈물단지가 이제 가득 찬 상태이며, 눈물 한 방울이라도 더 흘리게 되면 눈물단지가 흘러넘칠 것이라고. 이 말을 듣자 엄마는 즉시 울음을 멈춘다.

눈물 한 방울을 멈춘다는 것, 수의가 눈물로 젖지 않게 해야 한다는 것, 그것을 응급처방제(causticum)로 해석하기도 한다. 아이 잃은 엄마의 고통을 치유하는 것으로 이만한 이야기 처방 약제도 없을 것이다.

"엄마, 저를 위해 울지 마세요. 보세요, 이 단지에 엄마가 흘린 눈물이 담겨 있어요. 애도의 천사가 이 단지에 엄마의 눈물을 모아 두었어요. 그런데 엄마가 눈물 한 방울만 더 흘리게 되면 단지가 그만 넘치게 될 거예요. 그러면 나는 무덤에서도 쉴 수가 없고, 천국에서도 편안하게 지낼 수가 없어요. 그러니, 아 사랑하는 엄마, 저를 위해 울지 마세요. 당신 아들은 지금 잘 지내고 있어요. 행복하게 잘 지내고 있어요. 천사들이 제 소꿉 친구들이예요. " 이렇게 말한 후 아이는 사라졌고, 엄마는 눈물을 뚝 그쳤다. 그 후 엄마는 아이의 무덤 속 휴식과 천국의 평화를 위해, 아이의 천상 행복을 위해 눈물 한 방울도 더 이상 흘리지 않았고, 엄청난 영혼의 고통을 참아냈다. 엄마의 사랑은 그만큼 강하고 위대한 것이다.

고대에는 무덤의 부장품으로 눈물단지가 죽은 이와 함께 매장되었다 한다. 러시아에서도 엄마와 죽은 아들의 이야기에 눈물단지가 다루어진 기록이 나온다. 이 이외에 우리는 피에타를 주제로 한, 죽은 사람과 이를 애도하는 많은 작품들을 살펴볼 수 있다. 미켈란젤로도 일생 피에타를 주제 삼아 조각 작품 속에 새겨 넣으며, 죽음에 이르기 3일 전까지도 피에타 작업에 임했으나, 끝내 미완성으로 남게 두고 떠나지 않았던가. 아니 그의 미완성이 새로운 피에타상으로 해석되고 있지 않는가. 케테 콜비츠 또한 제 1차 세계대전에 참전했다가 사망한, 사랑하는 둘째 아들 피터를 잃고 피에타상을 조각하지 않았던가.

   눈물 젖은 수의나 눈물단지는 민담을 통해 볼 때 살아남은 엄마의 슬픔을 저장하는 용기라 볼 수 있다. 살아남은 사람이 죽은 사람을 너무 애통해 하면 죽은 사람의 평화로운 잠을 오히려 해칠 수 있다는 이야기도 전해 내려온다. 우리 인간은 애도기간에 죽음에 대한 인간적 한계를 사랑의 눈물로써 체험하고, 그 눈물의 사랑 치유법을 익혀왔다고 할 수 있다. 혼자 살아남은 엄마의 뼈아픈 고통의 인식이자 그 치유법은 수의가 젖지 않아야 한다는 것, 눈물단지가 넘치지 말아야 한다는 것이다. 인간이 흘리는 눈물의 한계를 이보다 더 절실하게 묘사할 수 있을까?

   릴케는 시 「눈물단지」를 쓴 바 있다. 민담에 나타나는 인류의 눈물과 눈물단지의 보편적 이미지는 릴케의 시적 의미를 띠면서 인간 삶과 죽음에 대한 또 다른 해석을 낳는다.

>다른 단지라면 포도주를 담겠지. 다른 단지라면 기름을 담겠지.
>벽이 그리는 속이 텅 빈 단지 안에 말이야.
>가장 늘씬하고 자그마한 단지인 나는
>쏟아지는 눈물을 받아 내는, 다른 용도로 쓰인다네.
>포도주라면 더 짙겠지, 기름이라면 더 맑겠지.
>그런데 눈물은 어떤가? 눈물은 나를 무겁게 하고
>나를 눈 멀게 하고, 굽은 등에서 반짝대다가
>결국은 나를 부서뜨려, 텅 비게 하네그려.

위 민담에서 눈물단지는 눈물이 단지 속에서 바깥으로 차올라 흘러내리는 것을 묘사한 반면에 릴케의 시 「눈물단지」에서는 시적 자아인 내가 바로 눈물단지다. 이 시에서 단지 속에 담겨 있던 눈물은 단지 밖으로 흘러넘치는 것이 아니라, 눈물이 눈물단지 안에서 어느 결에 수분이 말라 소금처럼 결정체가 되어 결국에는 단지 자체를 부식시켜 깨트리는 것으로, 눈물이 눈물을 담은 단지를 파손시키는 원인으로 묘사되어 있다.

릴케가 이 시를 쓴 시기는 1923년 8월 말, 4주간 동안 요양소에서 백혈병 투병을 하던 시기였다. 1922년은 릴케 창작의 대미를 결정지은 시기였다. 10편의 기념비적 비가집 『두이노의 비가』가 1912년에 시작했으나 1922년에 와서야 10년만에 마무리하고, 『오르페우스에 바치는 소네트』는 55편의 소네트 가운데 26편의 소네트들이 하루 몇 시간만에, 완성본은 21일의 기간 (02.02.1922~23.02.1922)만에 썼다. 릴케가 루 살로메에게 썼듯이, 1922년은 10년간의 창작의 침묵기를 벗어나, 마치 영혼의 허리케인이 불어 닥친듯이 식음도 전폐하고 시쓰기에 맹공을 퍼붓던 시기였다. 이 시구에서 표현된 바에 따르면 단지의 등이 휘고, 부서지고 깨어질 정도로, 온몸의 기력을 쏟아 부어, 체력이 바닥난 상태였던 것이다.

끝없는 영감의 실이 풀리고 띠를 두른 듯, 고삐가 풀린 듯 그의 시쓰기 작업은 드디어 릴케를 병들게 했다. 시에서 말하듯 눈물단지, 즉 그의 온몸은 육체적 과로로 힘에 부쳤던 것이다. 그러나 그가 흘린 눈물은 그의 육체적 고통이 지양된, "반짝"이는 황홀경, 맑은 시적 응결체이기도 했다.

창작의 강줄기가 물꼬가 풀리듯 쏟아져 시를 최정점에 이르게 한다는 것이 결국은 육체가 소금처럼 눈물이 말라 고갈되고, 죽음의 병에 이르게 했던 것이다. 그것이 릴케가 말년에 이르러 체험했던 것, 바로 릴케가 일생 내내 그가 지향했던 오르페우스처럼 모든 만물의 마음을 감동시킬 수 있는 시쓰기의 결말이기도 했다.

그의 시쓰기는 그의 육체인 눈물단지를 파괴시키고 와해시킨 그의 죽음의 원인이기도 했지만, 오르페우스처럼 죽은 아내 에우리디케도 살려내고자 죽음의 신 하데스조차 리라 연주로써 감동시킨, 죽음을 초월한 예술의 혼이기도 하다. 그 혼은 오르페우스의 연주에 취한 광기의 트라키아 여인들이 그를 갈갈이 해체시켜 강물에 띄워 보내도 그의 시신이 악기 리라와 함께 강물 위로 둥둥 떠올라 살아남은 오르페우스 음악의 정신이기도 하다.

눈물과 눈물단지는 서로 상관성 없이 다루어질 수 없다. 단지란 그 내용물에 따라 명명되는 용기이기 때문이다. 릴케의 시에서 눈물은 개인적 시쓰기 또는 창작 행위의 결정체로 묘사되어 있다. 릴케의 시에 나타난 눈물은 눈물단지 안에서 마치 시혼을 불사르듯 써진 시들이다. 민담에서 제시되는 눈물은 아이의 죽음에 대한 살아남은 엄마의 한 맺힌 눈물이다.

눈물은 인간이 삶과 죽음, 또는 병의 경계선에서 쏟아내는 인간적 한계에 대한 비극적 인식이기도 하다. 우리 인간의 삶을 담을 수 있는 용기에 포도주나 기름은 담길 수 없다. 인간 눈물만이 채워지는 것이다. 눈물이 단지 위로 차올라 넘치는 것도, 단지 안에서 반짝대다가 단지를 부셔뜨려 텅 비게 하는 것도 모두 인간이 흘린 눈물 때문 아니겠는가.

II

01 _ 개구리왕자

02 _ 라푼첼

03 _ 헨젤과 그레텔

04 _ 어부와 그의 아내

05 _ 홀레 할머니

06 _ 재투성이

07 _ 황금 머리카락 세 올

08 _ 향나무

09 _ 털복숭이 공주

10 _ 요린데와 요링겔

11 _ 물의 요정 닉시

01 _ 개구리왕자

「개구리왕자」에서 부각되는 점은 신랑의 변신이야기와 남녀 간의 사랑의 결합을 의미하는 데만 있는 것이 아니다. 오히려 그러한 결합을 보완시키는 동화상들의 상징체계들이 활기를 띠며 전개되면서 개인의 유년기 체험과 연계되고 있음에 놀라게 된다. 아이가 가지고 노는 공과 그 놀이가 황금공과 공주의 나르시즘적 유희로 엮어지고, 이러한 상징성이 민담의 끝부분에 이르기까지 의미의 통일성을 잃지 않고 전개되는 점 또한 경탄하게 된다.

공주가 노는 공간에 보리수와 우물이 나타나고, 공주의 손에는 황금공이 쥐어져 있다. 개구리와 공주의 단순한 대화도 그 상징성의 고리를 이어주고 있다. 공주가 잃어버린 것은 무엇인가? 단순히 공과 공놀이일까? 왜 하필이면 공주는 보리수 아래 우물가에서 놀고 있었던가? 왜 햇살은 공주를 비춰주며, 공주의 아름다움에 탄복하지 않을 수 없었는가? 이러한 생각은 이 민담을 듣고 읽고 생각하는 모든 사람들의 경험과 연령과 상상력의 능력에 따라 얼마든지 확대될 수 있다. 왜 개구리는 공주에게 그러한 점을 환기시키고 있는가? 무심결에 한 공주의 약속은 과연 공의 형태로 결혼식으로 매듭지어져야 하는가?

   우리는 그러한 의미의 완결을 이 민담의 결론 부분에서 확인할 수 있다. 주인공이 아닌 하인 하인리히의 등장은 이야기의 완결성에서 통일성이 떨어져 낯설어 보이는 측면이 없지 않지만, 그의 등장과 함께 상징체계는 보다 활발한 생기를 띠고 있음을 볼 수 있다. 왕자의 하인 하인리히는 그의 가슴에 드리워졌던 3가닥의 띠를 끊는다. 말하자면 왕자와 공주의 두 성과 그 합일을 의미하는 3띠의 수수께끼를 풀어낸 오이디푸스가 된다. 그는 그와 동시에 이러한 합일을 8마리의 마차에 실어서 태양말을 타고 하늘로 비상시키는 주체로 등장하고 있다. 말하자면 그는 주인의 삶을 승화시키고 창조적 세계로 이끄는 가장 주요한 인물이다. 그가 모는 말은 이집트 정의의 여신인 마트의 상징인 타조의 깃털을 달고, 8바퀴를 마차에 달고, 황금 사슬로 마차를 묶고 새로운 출발을 하는 동력체다. 이때의 하인리히는 한 세계를 떠받치고 있는 아틀라스이자 여의주를 입에 문 용이며, 작은 용, 즉 또 다른 개구리로서 새로운 질서와 안정을 정의 내려야 하는 주체다. 그러한 의미에서 볼 때 개구리의 변신은 에로스적 세계의 완결이 아니라, 천마의 말발굽에서 솟아나는 샘물 히포크레네의 창조적 세계에서 이루어지는 것이라 볼 수 있다.

   우리가 이 민담에서 주시해야 할 바는 우리 인간의 삶이 고정적으로 완결되는 것이 아니라, 변화무쌍한 가능성을 통해 정신적으로 거듭나야 한다는 것과, 정신적 변신과정을 위해 쉼 없이 굴러가는 시간적 정신적 바퀴의 활동에 매진해야 하는 점일 것이다.

　이러한 관점으로 보았을 때 우리는 보리수가 바로 북유럽신화에 나오는 사랑과 다산성의 여신 프레이야로 상징되면서 우물 속에서 일어난 신비한 사건과 개구리의 인간으로의 극적인 변신과정이 바로 원의 구조, 즉 결혼식으로 완결됨을 볼 수 있는 것이다. 결혼식은 바로 대립의 합일, 육체와 정신의 합일, 신과 인간과의 합일을 의미한다고 하지 않는가!

　이러한 결혼식은 귀족이든 서민이든 모두 꿈꾸는 것이 아니던가? 아니 결혼식을 올릴 꿈도 꿀 수 없었던 중세기 농노들의 경우, 평생 이룰 수 없는 일생의 희망사항일지 모른다. 그래서 민담 속에서 결혼식은 행복의 완결로 이야기 말미를 어김없이 장식하고 있는 것은 아닐까?

02 _ 라푼첼

「라푼첼」민담은 분명 여성 성년식의 틀을 띠고 있다. 12살이 된 라푼첼은 여성 마법사에 의해 숲 한가운데에 있는 탑에 감금된다. 탑에 갇힌 몸이 된 지 얼마가 흐른 뒤 그녀의 노래가락은 숲 속에 울림이 되고, 그 노래를 통해 유일하게 소통이 이루어진 어느 왕자와 함께 두 쌍둥이의 엄마가 되어 행복하게 살아가게 된다.

라푼첼 이야기는 12살에서 18살까지에 이르는 성년식 기간만 확대되어 다루어지는 민담과는 다르다. 그러나 그 성년식 공간이 숲에서 이루지는 것만은 공통점을 띤다 하겠다. 또한 어느 여타의 민담보다도 여성 삶의 4단계를 뚜렷하게 제시해주고 있다.

라푼첼은 자율성을 띤 여성이다. 생모의 임신기간 동안 식욕을 유혹한 마법사에 의해 아이의 운명적 이름은 지어지고, 마법사에 의해 아름다운 소녀로 길러지다가 12살이 되자 탑에 갇히는 신세가 된다. 말하자면 이 마법사는 아주 육체적으로 건강하고 아름다운 소녀를 정신적으로 내면화하고 고양시켜야 할 책임을 집안의 웃어른 할머니이거나 대모, 또는 수도원장일 수 있다. 성년식을 탑에서 치루는 기간 동안 한 남성을 만나서 사랑하게 되지만, 그 곳을 무사히 탈출하기도 전에 가혹한 시련의 기간을 보내게 된다. 탑에 갇힌 기간 동안 무럭무럭 자라났던 머리카락이 잘리고, 황무지에 버려진 채 두 쌍둥이를 키우면서 엄마로서 살아가게 된다. 왕자마저도 장님이 되어 라푼첼을 쉽게 찾아내지 못하게 된다. 말하자면 라푼첼은 가장 혹독한 환경 속에서 지혜를 쌓아가는 수행적 삶을 살아가게 되는 것이다. 왕자의 감긴 눈을 여는 것은 다름 아닌 라푼첼의 자율적 삶에서 터득한 두 눈물, 지혜의 혜안이었던 것이다.

라푼첼은 융이 말하는 바 아니마상의 단계를 뚜렷이 제시하고 있다. 융은 아니마 단계를 하와(이브), 헬레네, 마리아, 소피아의 4단계로 나눈 바 있다. 이 민담에서는 밭과 탑, 머리카락 자람과 모성적 동화상들이 단계적 의미를 전개시키면서 정신적 열림의 과정이 묘사되고 있음을 볼 수 있다. 또한 노래가락을 듣고, 장님이 되었다가 눈을 뜨는 과정은 구약성서의 욥이 체험한 바 신과의 대화과정에서도 확인된다(욥기 42: 3~6).

또한 바울로가 그리스도를 박해하기 위해 다마스커스로 가는 길에 3일 동안 장님이 되었다가 눈을 떠 개종한 이야기(사도행전 9: 3~9)나, 게르만신화 속 최고신인 오딘이 이미르의 우물을 마시기 위해 한쪽 눈을 팔아 지혜를 얻은 바 있는 등 유사한 유형의 모티브가 발견된다. 라푼첼 이야기는 이와 같은 인류의 상징적 의미체계와 연결되면서 이른바 장님모티브의 활기찬 활동성을 생생하게 체험할 수 있는 계기를 제공해준다.

 탑에 갇힌, 또는 상아탑에 갇힌 라푼첼의 삶은 오히려 황무지에서 체득한 대지의 힘을 얻어 보다 지혜로운 삶으로 열매 맺는다는 것을 말하는 것은 아닐까?

03 _ 헨젤과 그레텔

　이 민담에서 강하게 환기되는 것은 밤하늘에 떠오른 달빛의 생생한 활동이다. 헨젤이 부모님이 나누었던 아이들 방기 또는 유기 여부에 대한 대화를 듣고 난 후 집밖으로 나가 자갈돌을 줍게 되는데, 그 시점부터 달빛은 일종의 표지이자 상징으로 작용하기 시작한다. 헨젤이 집안에서 들어야 했던 가난과 아이 유기 내지는 방기 문제는 집밖으로 나와 밤하늘에 떠있는 보름달을 보는 순간 헨젤의 마음 속 빛으로 작용하기 시작했을 것이다. 헨젤이 밤에 주운 돌은 마치 백은화같이 반짝대면서 빛나고 있었기 때문에 헨젤의 고민은 해결의 가능성을 드러낸다 할 수 있다. 집을 떠나기 싫어 집으로 돌아올 표지를 만들기 위해 자갈돌을 내려놓으면서 헨젤은 독촉하는 부모님의 말씀에 지붕 위에 있는 하얀 고양이, 비둘기 등을 애둘러 말한다. 달빛에 비춰진 자갈돌도, 아침 해를 받고 있는 지붕 위 하얀 고양이와 비둘기도 사실 어른들이 알지 못하는 아이들만이 알고 있는 빛의 귀향 기호다.

그러나 두 번째 유기과정에서 자갈돌 대신 뿌려졌던 빵 부스러기를 새가 먹어치움으로써 아이들이 집으로 돌아가는 길이 차단되고 만다. 달빛 가운데 길을 찾을 수가 없는 것이다. 빵 부스러기를 먹었던 새는 아이들이 유기된 지 3일째 되는 날 아침에 나타나 식인마녀의 집으로 안내하는 길잡이가 된다. 말하자면 그 하얀 새는 역설적이게도 아이들을 마녀의 제물이 되도록 유도한 것이다. 그러나 민담 속에서는 악이 '원천이자 기원fons et origo'으로서 필요악으로 작용하기 때문에 눈부시게 빛나는 하얀 새의 날개짓은 흰색, 또는 깜깜한 밤하늘에 비췄던 달빛색이 상징하는 심혼의 작용력이라 볼 수 있다.

마지막으로 우리는 마녀의 집에서 위기를 극복하고 살아난 아이들이 집으로 돌아오는 길에 큰 강을 만나게 되는데, 그때 아이들을 구해준 것은 흰 오리다. 흰 오리의 등을 타고 무사히 강을 건넌 후엔 아이들에게 익숙한 길이 나타나고 쉽게 아버지가 계시는 집으로 돌아오게 된다.

이 민담은 중세 가난하던 시절 유럽에서 생존을 위해 아이 유기 사건이 빈번히 이루어졌던 시기에 있을 법한 이야기임에 분명하다. 어찌 보면 부모님이 어쩌면 나의 친부모가 아닐 수도 있다는 의구심을 품을 수 있는 어느 시기의 아이들이 성장기에 꾸었을 법한 하룻밤의 백일몽일 수도 있을 것이다.

어느 여성이 심리치료를 받는 가운데 동화테라피를 받은 바 있었는데, 어릴 때 자신의 오빠를 헨젤로 동일시해 그레텔인 자신을 비하했다는 이야기를 한 바가 있다. 그러한 구체적 경험이 바로 민담이 지닌 단순한 힘이자 치유력일 수 있다. 그 여성은 다시 한 번 이 민담을 읽으면서 그레텔의 위기 대처능력을 민담의 말미부분에서 확인함으로써 자신의 정체성을 찾아 치유되었다고 한다. 만일 그레텔이 마녀를 오븐 속에 집어 넣지 않았으면 어찌 되었을까? 그레텔이 오븐 속에서 아이를 유기한 바 있는 계모와 아이를 잡아 먹으려는 마녀, 말하자면 어두운 모성의 그림자를 태워버리고 진정한 모성을 되살리지 않았다면, 모성이자 부활의 색을 지닌 흰 오리의 등장은 불가능했을지 모른다. 헨젤이 달밤에 본 보름달과 오리, 흰 색의 상징성은 바로 아이를 품어 살리는 모성의 환고리적 체계라고 볼 수 있지 않겠는가. 또는 이러한 모성의 환고리 띠는 유기 또는 방기된 아이들이 꿈꾸었던 상상 또는 몽상이 아닐까?

04 _ 어부와 그의 아내

부자가 되고 싶지 않은 사람이 누가 있겠는가? 하물며 다 찌들어가는 쥐꼬리만한 집에 사는 사람일 경우, 어느 누가 보다 나은 생활을 동경하지 않을 수 있겠는가? 그러나 독일 민담이 아니라 세계 모든 신화와 민담, 이야기들은 한결같이 인간이 물질적 욕망을 지나치게 탐할 경우, 그 결과는 참담한 실패로 끝나게 된다고 경고하고 있다. 그 예로서 우리는 바벨탑 이야기를 들 수 있다. 바벨탑이 무너진 까닭은 인간이 신을 모독했기 때문이다. 신의 질서를 따르지 않고, 인간이 거만하게 자신의 작품을 통해 신적 존재로 착각했기 때문에 바벨탑은 신의 저주로 무너질 수밖에 없었던 것이다. 신이 인간에게 저주나 형벌을 내린 경우는 한결같이 인간이 인간의 한계를 알지 못하고 오만하게도 신과 대등한 존재가 되고자 할 때다.

이 민담에서도 바다 속에 사는 넙치는 어부의 아내의 소원을 들어 준다. 다 찌들어가는 오막살이집에서 살고 있는 어느 가난한 부부가 어느 날 밤에는 이런 상상의 꿈을 꾸면서 잠들 수도 있지 않겠는가. 아담한 집 한 채를 지닌 주인과, 성의 성주, 궁궐의 왕, 황궁의 황제, 바티칸 궁전의 주인이 되는 꿈을 꾸면서 현실 속의 가난의 한을 풀어봄직도 하지 않겠는가! 말하자면 이 민담에서 우리가 확인할 수 있는 것은 인간이 꿈 꿀 수 있는 한도만큼 맘껏 꿈을 꿀 수 있었다는 사실이다. 해와 달을 뜨게 할 수 있는 신이 되는 것까지 꿈을 꾸었으니 여한 없이 꿈을 꾼 셈인 것이다.

그러나 인간이 꿈을 크게 꾸면 꿀수록 바다의 표정은 점차로 어둠의 색을 띠며 음산해지고 노기를 띠게 된다. 그것은 어부의 아내의 욕망의 표정만큼이나 강한 요동을 치면서 온 바다가 화기로 끓어오르는 듯, 육지까지 전복시킬 만큼 강력하게 파도로 강타한다.

어느 의미에서 볼 때 바다는 어부 아내의 욕망의 거울상이며, 이에 대응하는 신의 화난 얼굴이다. 아내의 욕망과 자연, 즉 바다 사이를 매개시켜주는 어부의 역할은 지극히 선한 어부의 모습이지만 팜므파탈적 아니마상인 아내에 시달리는 남편의 모습이다. 말하자면 바다의 색깔과 표정 변화는 남편의 무의식적 심리 변화과정과 같다고 볼 수 있다.

독일 북해 포메른 지방 바닷가에 살던 사람들은 바다가 그들의 먹거리를 해결해주는, 생사를 위협하는 신적인 존재로 비추었을 것이다. 그러한 바다와 소통하면서 인간은 인간의 소망을 말하고, 바다 속에서 아내의 모습을, 또는 남편의 모습을 바라보면서 부부애를 나누었을 수도 있었을 것이다. 또한 인간은 자신의 소원상을 바다 속에 투사하면서 명상 끝에 그 욕망의 고리를 끊을 수도 있었을 것이다. 그렇다면 우리는 이 민담을 통해 자연이 인간에 대한 사랑으로 인간의 욕망에 끊임없이 흔들렸다가 그 고리를 끊고 냉정해지는 모습을 확인할 수 있지 않겠는가! 그리고 인간이 자연 착취 또는 파괴를 중지하고 자족적 삶으로 되돌아간다면, 인간이 자연 또는 신의 사랑을 다시금 만회할 수도 있지 않겠는가!

 그 만회의 길이 원 구조로 묘사되고 있다. 원의 발단이 극단적 가난한 삶에서 시작하는 환의 구조를 띠고 있다. 그 환은 집에 대한 인간의 공간적 욕망의 고리, 오두막집에서 황궁, 신궁에 이르기까지, 비등점까지 흘러들다가, 인간 욕망의 최정점, 신적 자연지배에 이르러 어느 순간 인간 욕망의 원점, 처음으로 되돌아온다. 그것이 자연 또는 신의 인간에 대한 사랑인가, 저주인가는 그것을 받아들이는 사람의 깨달음 여부에 달린 것이다. 그리고 무엇보다도 이 민담이 말하고자 하는 것은 인간의 욕망은 단지 체념하는 데 있는 것이 아니라는 것, 자족하는 삶의 지혜, 오두막집 초심에 대한 깨달음을 일깨워주는 데 있는 것이다.

05 _ 홀레 할머니

　독일인들이 애호하는 민담 가운데 우선 순위로 꼽히는 이 민담은 독일 전 지역과 독일 어권 지역과 북구 유럽지역에 걸쳐 널리 분포되어 있는 이야기다. 특히 눈이 내리는 지역에서 눈은 눈을 뿌려주는 계절적 의미를 띠는 여신의 모습을 담고 있다. 또한 이 이야기는 얼핏 보기에 권선징악적 이야기로 단정해볼 수 있지만 민담의 구조가 그리 평면적이지 않다.

　우물 위의 세계와 우물 아래 세계가 교차하면서 위쪽 세계의 가치적 관점이 아래쪽 세계의 재구성에 의해 재편되는 특징을 띠고 있다. 말하자면 아래쪽 세계를 통해 위쪽 세계는 새로운 질서를 잡게 된다. 위쪽 세계에 사는 어머니와 두 딸 사이에 벌어졌던 대립적 구도가 아래쪽에 살고 있는 홀레 할머니의 강력한 가치판단에 의해 두 딸 인생의 운명이 결정된다고 볼 수 있다. 어찌 보면 너무나 치명적이어서 가혹한 결정으로 받아들여질 수도 있지만 홀레 할머니 집에서 일한 대가와 심성에 대한 평가로서는 자연의 합당한 결정이라고 할 수 있다.

그 깊고 깊은 우물 속 맨 끝 지점에서의 일은 이불 터는 행위였다. 이불을 부지런히 턴다는 것은 바로 지상에 눈을 내리게 하는 것이다. 지상에 눈이 내리면 언 동토를 따뜻하게 덮어 만물에 습기와 온기를 주게 될 것이다. 그래서 홀레 할머니의 이빨은 식성이 좋은 건강한 치아를 연상시키고, 할머니 집에서는 언제나 맛있는 음식거리로 풍성하다. 그리고 할머니 집에 이르는 과정에서 꽃밭과 빵오븐, 사과나무도 신화적 요소를 드러내면서 계절적 순환과정을 중시하고 있음에 분명하다.

꽃밭이 오디세이가 죽음의 신 하데스를 만나러 가는 첫 과정, 즉 아스포델로스 꽃밭을 연상시키기도 하지만, 또한 그 뿌리는 데메테르 여신과 그의 딸 페르소포네에게 바쳐지는 것으로 알려져 있다. 말하자면 유럽의 봄 풍습의 신화적 의미가 다루어진 것을 확인할 수 있다. 또 다음 단계로 간 곳은 빵 오븐인데, 우리는 태양이 붉게 훨훨 이글거리는 모습을 연상할 수도 있을 것이다. 대지가 신의 어머니에 의해 달아 올라야 가을의 열매들은 단맛으로 꽉 배어 조금만 흔들어도 가지에서 뚝뚝 떨어질 정도 여물어지는 축복을 받게 되는 것이다. 봄이 제대로 도래하려면 겨울에 눈이 많이 내려야 할 것이다. 겨울에 눈이 내리지 않는다면 독일 슈레지언 지방에서 이야기하듯이 신의 축복을 받지 못한 불행한 한 해를 마감할 뿐만 아니라 다음해 농사를 망치게 되는 것이다.

이러한 상상을 하면서 우리는 의붓딸의 모습과 친딸의 모습을 비교하게 된다. 홀레 할머니는 눈을 많이 내리게 한 의붓딸에게 축복을 내리고, 게으름을 떨어 눈을 내리지 않게 한 딸에게는 저주의 시꺼먼 역청을 퍼붓는다. 말하자면 햇빛과 눈 등의 계절적 순환작용이 제대로 이루어졌는가 하는 판단을 홀레 할머니가 내리는 것이다. 민담에서는 사물과 자연의 의인화 과정이 이루어진다. 그래서 우리는 민담 속에서 인간의 모습을 벗겨 버리면, 오히려 쉽게 민담의 상징성을 풀이할 수 있을 것이다. 이쯤 되면 홀레 할머니가 내린 친딸에 대한 징벌은 어느 개인에게 내려지는 것이 아니라, 생태적 여신으로서 온 인류에게 내리는 징벌이자 경고라 할 수 있다.

  또한 착하고 부지런한 딸이 집으로 돌아갈 때는 우물에 빠뜨린 얼레를 돌려주었지만, 게으르고 못난 딸이 집으로 돌아갈 때는 온몸에 역청만 쏟아 부었지, 얼레를 되돌려 받지는 못했다. 말하자면 역청의 검은 색과 물레를 되돌려 받지 못했다는 사실은 생태적 여신으로부터 생태적 순환이 제대로 이루어지지 못해 운명의 축복을 받지 못했음을 말한다고 볼 수 있다. 자연의 그 영원불변한 활동이 중지하고, 운명의 운동이 멈췄다는 것, 그것은 자연의 죽음, 타나토스에 다름 아닌 것이 아닌가?

06 _ 재투성이

민담에서 가장 많이 다루어지는 주제는 에로스다. 그 전형이 된 이야기는 아풀레이우스의 「에로스와 프시케」 신화이자 동화다. 잘 알다시피 에로스의 어머니는 아프로디테다. 인간이든 신이든 간에 사랑의 신 에로스의 화살을 맞은 자는 모두 사랑의 중병을 앓게 만드는 능력을 지닌 에로스가 사랑하게 되는 여성은 다름 아닌 그의 어머니인 미의 여신 아프로디테가 질투하는 인간 프시케였다. 프시케가 언니들의 간언을 듣고 남편 에로스에 대한 의심을 품자, 남편인 에로스는 "믿음이 없는 곳에 에로스는 머물 수 없다"는 말을 남기고 프시케를 떠나 사라져 버린다. 이때부터 프시케의 험난한 시련의 시간이 시작된다. 말하자면 심혼을 뜻하는 프시케는 반짝이는 날갯짓을 하면서 사랑의 신을 찾아 길을 떠나게 되는 것이다. 신화에 따르면 시어머니인 아프로디테의 삼 단계 또는 사 단계 시험에 통과하면서 심혼과 사랑은 결합하게 된다.

말하자면 사랑을 찾아가는 심혼의 과정은 마치 통과의례처럼 단계적 과정을 밟아야 하는 것이다. 이 민담은 가장 많은 분포도를 지닌 이야기이며, 이러한 민담들은 모두 「에로스와 프시케」에서 파생된 이야기들이라 볼 수 있다. 프랑스본의 제명이 「상드리용」인 것과 달리 그림형제의 『어린이와 가정 민담집』의 정확한 번역은 「재투성이」다. 이 민담에서는 다량의 동화상들이 활발한 활동을 벌리는데, 그 동화상들은 주인공 재투성이가 에로스를 찾아가는 과정에서 상징적 체계의 집합체처럼 강하게 운집하고 있음을 볼 수 있다.

　옷 짜는 법이나 사랑의 춤을 가르쳐준 이집트여신 이시스는 죽은 남편 시신의 파편을 일일이 찾아내어 되살려 아들을 잉태하게 만들 정도의 위대한 모성과 사랑의 여신이었다. 이집트인들의 영원한 대모는 말하자면 사랑을 찾아내기 위해 죽음조차도 극복할 줄 아는 여성이자 어머니다. 「재투성이」에서는 이시스처럼 사랑의 시련과정이 제시되고 있는데, 왕자와의 만남의 과정이 세 단계로 상징화되고 있다. 비너스의 새인 비둘기장, 여성성과 혼기를 알려주는 배나무가 그러하다. 마지막 세 번째 단계에서 나오는 역청은 실은 구두와 발의 모티브로 연결시키기 위한 매개적 역할을 담당할 뿐이다. 구두와 발은 상징적으로 우리의 궁합과 같은 의미를 띤다고 할 수 있다. 우리나라 민담 「콩쥐와 팥쥐」에서도 신발 모티브가 제시되고 있지 않은가.

　흰 새는 죽은 친모의 영혼 상으로 자신의 유언처럼 끝까지 자신의 딸을 지켜주는 모성적 혼령이라 볼 수 있다. 재로 연상되는 여신으로서는 그리스신화 속 헤스티아, 로마신화 속 베스타 여신이 떠오를 수 있을 것이다. 로마인들에게 불은 성화로 숭배되었는데, 불은 상징법에 따르면 성스럽고, 정화적 의미를 띠거나 재생의 의미를 띠기도 한다. 따라서 재투성이가 잠자리를 하고 하루종일 가까이 지내는 재와, 재에 뿌려진 콩을 분류하고 썩은 콩을 골라내야 하는 재투성이의 일과는 마냥 계모와 의붓언니의 육체적 심적 구박을 견디어 내는 것과는 다른 의미를 띤다고 볼 수 있다.

말하자면 재투성이는 콩을 고르면서 썩은 콩을 골라내 실한 콩을 찾아내면서 자신의 영성을 찾아냈을 지도 모르며, 선과 악을 선별했을 지도 모르며, 자신에게 부딪힌 수많은 어려운 문제들을 푸는 등의 묵상의 시간을 가졌을 지도 모를 일이다.

최근 북동인디언 이야기로 발견된 「인디언 재투성이」에서도 추장의 셋째 딸은 언니들에 의한 갖은 구박을 받으며 살아가는데, 얼굴이 언니들에 의해 숯으로 지져진 흉한 모습으로 표현된다. 그러나 그녀는 '강한바람'의 아내가 된다. Glooskap은 북아메리카 인디언 부족의 창조자 이름이며, '강한바람'은 Glooskap의 조력자이다. 숯은 나무가 불에 태워진 것, 다시 불을 붙이면 타는 연료를 말한다. 재와 함께 연소로 인해 정화되는 자연력인 것이다. 500년이 지나 죽었는데도 살아나는 불사조 페닉스의 위력인 것이다.

오늘날 무수한 문화매체 속에서 신데렐라상이 나타나지만, 실은 이시스나 프시케처럼 마음으로 사랑을 찾아가는 과정 속에 나타나는 재투성이의 방황과 시련은 부각되지 않는다. 사랑의 불씨는 불사조 페닉스처럼, 또는 여신 헤스티아처럼 어떠한 시련이나 고난이 다가와도 꺼지지 않고 살아남는 불의 정신이 오히려 중요하게 다루어져야 하는 데 말이다. 그러한 사랑에 대한 믿음과 마음의 정화과정이 없이 아무리 사랑을 외쳐댄다 한들 그것은 요설이 될 뿐이다.

07 _ 황금 머리카락 세 올

민담연구가들에 따르면 이 민담은 삼차원의 통일이 뚜렷하게 이루어진 것으로 평가되고 있다. 말하자면 아이의 태생에서 14살 때까지의 성장과정과, 그 이후 공주의 남편, 부마가 되어 왕권에 도전하는 사회화 단계, 또 고도의 시험단계인 저승 경험이 적당히 배분되어 다루어지고 있음을 볼 수 있다. 우리는 민담을 통해 어느 인간의 삶의 과정을 아주 짧은 시간 안에 평면적이고 일회적으로 관찰할 수 있다.

이 민담에서 특이한 점은 저승강을 건너 지옥으로 가 악마와 악마의 할머니를 만나고, 악마의 할머니의 기지를 통해 세 가지 지혜를 얻어 공주의 남편이자 그 나라의 왕이 되는 과정이 그려지고 있다는 점이다. 말하자면 이 민담은 이승의 난제들을 지옥을 통과해 해결하는 영웅이야기라 할 수 있다. 이 영웅은 태어날 때 머리에 태반을 쓰고 태어났으므로 이미 영웅이 될 것이라는 사실이 확고하게 전제된다. 그래서 아무리 주인공이 위기에 처해진다 해도 독자들은 걱정하지 않게 된다. 그리고 민담의 주인공은 가는 곳마다 "난 뭐든지 알아!" 하고 소리치며 자신감을 내비친다. 그는 전혀 소심하지 않으며, 일말의 두려움조차 없다. 지하계에 이르러서까지도 두려움 없이 쳐들어가 그 무시무시한 번견 케르베로스를 생포해 하데스에게 다시 돌려준 바 있는 헤라클레스의 12번째 위업을 상기시킨다.

그리고 헤라클레스뿐만 아니라, 이 민담 주인공의 유아기 기술에는 모세의 유아기 유기 상황이 유사하게 기술되면서, 주운아이가 영웅이 되는 다른 민담과의 일치성을 제시하고 있다.

그리고 왕의 사위가 되는 과정에서 묘사된 편지모티브에서는 다윗의 우리아편지나, 햄릿에 나오는 죽음의 편지 등이 연상된다. 또한 왕의 모습에서 왕위 계승자를 죽이려는 헤롯의 잔인성도 엿볼 수 있다.

북유럽 신화에 나오는 니플헤임 샘에서 세계수 위그드라실의 뿌리를 갈아 먹는 니드호그 용이나 독을 품고 산다는 두꺼비이야기나, 우물이 마르게 된 원인으로는 그리스 신화의 아폴론신이 발로 쥐를 밟은 자리에 아폴론신전이 지어진 이야기 등이 연상된다. 말하자면 의사소통이 왜곡 또는 차단된 과정들이 편지나 우물 밑의 두꺼비나 사과나무 뿌리 밑의 쥐 등으로 묘사되면서 이승에서의 불합리한 폐쇄적이고 막힌 문제들을 푸는 열쇠를 저승 악마의 세 올 머리카락의 획득에 두고 있다.

이때 악마의 머리카락 세 올은 지혜를 뜻하는데, 함께 가져온 황금 가득 실어온 4마리 당나귀 숫자와 합하면 7이다. 상징법에 따르면 숫자 7은 남성의 자연수 기수인 3과 여성적 자연수인 4를 합한 성스러운 수다.

숫자의 상징법에 따르지 않더라도 이 민담의 주인공 행운아는 공주와 온전한 결합을 하게 되면서 새 시대와 질서를 여는 통치자로 기호화되어 있다 하겠다..

08 _ 향나무

　독일 낭만주의자들에 의해 "민중의 정신이 담긴 최상의 예술"이라는 평가를 받은 바 있는 이 민담은 사실은 읽기조차 끔찍할 정도의 장면들이 여럿 나온다. 무엇보다도 악마의 탈을 쓴 계모가 자신의 살인을 자신의 친딸 소행으로 돌리는 장면에 이르면 치가 떨릴 지경이다. 또 죽은 아들의 시체를 끓여 만든 스프를 먹으면서, 맛있다고 외치면서 연신 조금 더 달라고 독촉하는 아버지의 대사는 차라리 그냥 책을 덮어 버리고 싶을 충동이 일 정도다. 이 민담을 만일 어린 아동이 읽는다고 생각해 보라! 아무도 권장동화로 선정하려 들지 않을 것이다.

　이 민담은 본능적 살인과 그 고통이 심리적으로 묘사되어 있다. 그리고 융이 말하듯이 이 민담은 결코 정적이지 않다. 정신적 움직임이 아주 동적이며 강렬하게 활동하고 있다. 또한 인류의 고통과 한맺힌 과정들의 의미상들이 나무와 새의 상징법을 통해 통일성을 띠고 있다. 어떤 학자는 이 민담을 두고 '죽음을 품고 부르는 삶의 노래'라고 한다.

고대 게르만신화에서 보면 대장장이 슈미트가 왕자들을 정교하게 만든 궤짝에 찍어 죽이는 장면이 나온다. 또한 이둔의 사과 궤짝도 연상된다. 뼈를 죄다 모아 고은 비단보자기에 싸는 장면은 테베의 비극적 왕 오이디푸스의 딸 안티고네가 오빠 폴리네이케스의 시체를 묻어주는 장면이, 또는 예수의 십자가를 성모 마리아와 함께 지키고 예수의 무덤을 제일 먼저 찾아가 예수의 부활을 알린 막달레나 마리아도 연상된다. 그래서 이 민담의 여동생 이름이 막달레나 마리아의 약자라고 해석되지 않는가!

이 민담에서 새는 불과 연기, 재 등의 묘사와 함께 가장 동적인 활기를 띠는데, 그리스신화에서 가장 고통스러운 이야기 가운데 하나라 볼 수 있는 프로크네와 필로메라 자매의 이야기가 상기되지 않을 수 없다. 성폭행당한 이야기 가운데 가장 고통스런 이 이야기는 테레우스라는 트라키아의 왕에 의해 저질러진 것이 아닌가! 그는 아내 프로크네의 여동생 필로메라를 성폭행한 뒤 그녀의 혀를 잘라 말을 못하도록 만들었지만 수를 놓아 언니에게 이 사실을 알리자 언니인 프로크네는 자신의 아들인 이티스를 죽여 아버지인 테레우스에게 먹임으로써 복수를 하게 된다.

그 후 이들 네 사람은 모두 새가 되는데, 여러 이야기가 있지만 오비디우스의 『변신이야기』에 따르면, 프로크네는 나이팅겔, 혀가 잘린 동생은 제비, 아들 이티스는 공작새, 테레우스는 냄새나는 오디새가 되지 않았는가. 또한 메데이아가 변심한 남편 이아손의 아이를 죽이는 끔찍한 장면도 떠오르지 않을 수가 없다. 가족 간에 일어나는 갈등과 한은 이야기를 통해 표현되면서, 비로소 치유적 단계를 밟아간다.

이 민담의 새는 그러한 고통의 소리를 내지르는 새에서, 아버지에게는 새로운 결합을 상징하는 금목걸이를, 동생에게는 성스러운 사랑의 결합을 뜻하는 붉은 구두를, 계모에게는 사형에 해당하는 맷돌을 내리침으로써 무질서를 새로운 질서로 재편하고 자신을 불에 태워 연기와 함께 부활하는, 장수의 상징인 향나무와 함께 하는 불사조의 모습을 띠고 있다. 인간이 비참한 상황에 처했을 때 앞뜰의 향나무와 그 나무 위에서 노래하는 새의 노랫가락이 없다면 어디서 마음을 달랠 것인가, 위안의 힘으로 살아 갈 수 있을 것인가. 하물며 죽음에 이르러서야!

재미있는 사실은 임신한 지 여섯 달이 지나면서 향나무의 열매가 크고 단단히 영글어 가자, 임신모가 갑자기 말을 잃게 되고, 일곱 달이 지나 향나무의 열매를 탐스럽게 먹더니 갑자기 울적해지면서 병이 들어 몸져누웠다는 점이다. 결국 부인은 아이를 낳은 후 부인의 유언에 따라 향나무 밑에 묻히게 되며, 그렇게 말한 후 부인의 마음은 아주 편안해지고 기쁨에 넘쳤다는 사실이다. 또한 아이를 갖지 못해 애태우던 부인은 향나무 아래서 소원을 빌게 되고, 자신의 소원만큼이나 붉고 흰 아이를 낳자, 감격해서 죽은 것으로 되어 있다.

상징법에 따르면 나무와 인간의 동일시는 인도의 여러 지역에 분포되어 있으며, 다산성을 목적으로 하는 풍습에 따르면 결혼식 올리기 전에 나무와 결혼을 하거나 두 나무를 상징적으로 결혼시킴으로써 부부가 두 나무의 생명력을 받는 등의 풍습이 있었다고 한다. 또한 나무는 다산성을 띠면서 수많은 민족 사이에서 여성적 또는 모성적 상징으로 여겨져 왔다고 볼 수 있다. 나무가 다산성의 상징으로 묘사되는 이야기 가운데, 이 민담에서처럼 죽음과 삶의 생기 넘치고 운명적인 나무로 묘사되는 나무가 또 있을까?

09 _ 털복숭이 공주

　이야기의 출발에서부터 우리는 이 민담의 왕에 대해 분개를 하지 않을 수 없다. 아버지가 딸을 욕망의 대상으로 한다는 것은 상식적으로 허용이 되지 않을 뿐만 아니라, 금기사항이다. 민담연구가 륄뢰케에 의하면 이 민담은 어느 소설이 민담이 된 것으로 보고 있다. 민담이 수백년동안 흘러오면서 변형 또는 재구성되면서 그 틀이 고정된다는 것은 누군가 어느 개인의 상상에 의거한 허구로서는 불가능하다. 프랑스인들에 의해 선호되고 있는 프랑스본에서는 왕궁과 금발머리의 아름다움이 아주 화려하게 표현되고 있는 것을 볼 수 있으며, 민담의 마무리 부분에서는 결국 아버지가 딸의 결혼식에 초대받아 젊은 왕자인 사위에 대해 기뻐하면서 축복해주는 것으로 끝맺음되고 있다. 무언가를 금기시한다는 것은 문제점이 드러난 후 시정차원에서 이루어지는 조치다.

　이 민담은 분명 아버지 콤플렉스, 즉 왕이 왕비에게 지나치게 매혹당해 딸의 모습 속에서조차 죽은 아내의 아름다움을 발견해내는, 왕의 아니마상에 문제가 있음을 제시해주고 있다. 이상적인 아니마상이었던 왕비가 죽고, 왕비와 동일한 아름다움을 지닌 딸을 통해 자신의 아니마상을 또다시 확인한 왕의 미적 기준은 다름 아닌 금발머리에 있다. 금발은 말하자면 황금을 뜻하는 햇빛처럼 환하고 후광처럼 빛나서 바라보기에 눈이 부실 정도의 아름다움을 뜻한다. 동시에 머리카락이 뿜어내는 성적인 매력 또한 간과할 수 없을 것이다. 이런 딸을 둔 경우 어느 아버지가 딸의 아름다움에 취하지 않을 수 있겠는가! 그러나 그러한 아버지를 둔 딸의 경우, 아버지의 사랑에 온전히 만족할 수는 없다. 딸은 아버지와 집을 떠나 자율적으로 사랑 찾기에 나서지 않으면 안 된다. 만일 집에 남아 있을 경우, 그 딸도 아버지의 병에 전염될 것은 거의 확실하기 때문이다. 딸은 아버지에게 해옷, 달옷과 별옷을, 또 온갖 짐승껍질로 엮어 만든 옷을 마련해달라고 한다. 딸은 해옷, 달옷과 별옷을 호두 속에 간수하고 나라 안 모든 짐승의 껍질로 만든 옷을 걸치고 집을 떠난다.

재미있는 점은 해옷, 달옷, 별옷이 외면적인 아름다움이라 하면 뭇 짐승껍질로 만든 외투는 그러한 외면적인 아름다움을 은폐시키는 수단이라는 점이다. 민담에서 껍질은 벗고 변신하기 위한 새로운 출발을 위한 준비단계, 즉 내면적 아름다움을 축적하는 무의식적 기간이라 볼 수 있다.

말하자면 껍질을 쓰고 살아가다가 껍질벗기를 통해 새로운 결합을 이루는 기간까지 상징적 체계의 활동은 눈부시다. 움푹 패인 나무에서 잠을 자다가 끌려간 곳은 부엌이며, 그녀의 거처는 햇빛이 들지 않는 계단 밑 지하 우리다. 말하자면 융이 말하는 바 무의식적 공간에서 그녀는 세 단계의 변화과정을 보여준다. 그녀가 집을 떠날 때 유일하게 챙겼던 것은 황금 반지와 황금 북, 그리고 황금 실패와 호두 속 세 벌의 옷들이다. 고대로부터 다산성 상징을 띠면서 마돈나상으로 비유되기도 하는 호두 속에 자신의 아름다움을 은폐시키고, 그녀는 자신의 존재를 확인하기 위한 세 단계 시험에 들어간다. 이러한 단계적 변화과정을 옷과 춤을 통해 묘사하고 있다. 여기서 재미있는 사실은 가장 아름다운 옷이 별옷으로 표현된다는 점이다. 황금 머리카락을 뜻하는 해옷에서 달옷, 별옷으로의 변신과정은 털복숭이의 내면화과정을 제시하고 있다고 볼 수 있다. 어두운 밤하늘을 배경으로 한 별빛만큼 밝은 빛이 어디 또 있겠는가!

상징법에 따르면 많은 문화권에서 춤은, 특히 몰아경적 춤은 창조나 질서의 힘과 연관된다고 한다. 많은 신화 속에서 신들과 영웅들은 춤을 추는 가운데 카오스의 입김을 불어 넣고, 그런 다음 새 질서는 확립된다. 많은 문화권에서 춤은 하늘과 땅을 결합시키는 예식이다. 이 민담에서도 춤을 추고 난 후 새로운 결합을 의미하는 반지, 운명의 활동을 뜻하는 북, 운명의 짜임을 뜻하는 실패가 차례로 공주가 끓인 수프 속에 들어가 왕에 의해 확인되는 과정이 기술되고 있다. 마지막 단계에서 왕은 털복숭이에게 황금 반지를 끼워준다. 이러한 세 단계의 상징들은 모두 그들의 운명적 사랑의 결합과 그 활동성을 상징한다고 볼 수 있다, 반지의 거듭된 강조는 그들의 결합을 상징하는 온전한 만달라적 원을 재차 강화하는 것이라 할 수 있지 않겠는가?

10 _ 요링겔과 요린데

이 민담에서 눈에 띠는 것은 할머니상이 「라푼첼」에서 나오는 마법사보다 강력한 존재인 최고 마법사가 등장한다는 사실이다. 이 민담에 나오는 할머니는 고양이나 올빼미로 변신할 정도로 강력한 마법사, 말하자면 여신, 즉 고양이로 상징되는 이집트 신화의 여신 바스테트와 올빼미로 묘사되는 그리스 신화의 아테나 여신을 상기시킨다. 이 할머니 마법사는 유독 여성들만을 새로 만들어 새장에 가두는데, 여러 종류의 새들이 성에 7천 마리나 되는 것으로 기술되어 있다. 결혼을 앞둔 두 남녀가 길을 잘못 들어선다는 것은 서로 간에 해소되지 못한 불안, 또는 결혼 콤플렉스 등이 잠재해 있었다고도 볼 수 있다. 그러한 불안이 여성에게 있었다면 그 마법사는 그 여성을 보호해서 풀어주어야 할 의무를 지녔을 지도 모른다.

마법사의 마술에서 겨우 풀려난 요링겔은 약혼자 요린데를 구해야 한다. 돌처럼 굳어 있다가 풀려난 그는 멀리 떠나 양치기가 된다. 우리는 성서에서도 양치기 목동에 대한 이야기를 듣게 된다. 민담에서 양치기란 문제점을 의식하고 정신을 집중해 해결점을 찾아가는 수행과정을 의미한다. 그러한 과정 속에서 그는 꿈을 꾸게 되며, 그 꿈 속에 하얀 진주가 가운데 박혀 있는 붉은 꽃을 보게 된다. 그 꽃은 실제로 아흐레를 지난 아침녘에 발견되며, 꿈 속 진주는 아침 이슬방울로 묘사된다. 어렵고 힘든 문제적 시간을 보낸 후 맞는 아침의 이슬방울은 조개 속에서 오랫동안 해저에 묻혀 있다가 맺어지는 고통의 열매, 깨달음의 결정체, 문제를 투명하게 밝혀내는 능력을 갖추었음을 말하는 것이다. 문제를 해결할 힘을 지니고, 말하자면 이슬 맺힌 붉은 꽃을 손에 들고 성으로 다가갔을 때「잠자는 숲 속의 공주」에서 나오는 왕자처럼 자연스레 길은 열리고, 나이팅게일이 된 요린데를 찾아내게 된다. 상징법에 따르면 나이팅게일은 아름다우면서도 슬픈 고통의 소리를 냄으로 인해 사랑의 동경을 상징하는 새로 여겨진다.

요링겔은 요린데의 불안이 바로 사랑의 문제에 있음을 확인하고, 꽃으로 치유시킨다. 요린데가 치유되어 마술에서 풀려나자 그 강력했던 최고 마법사도 마법의 능력을 상실하게 된다. 말하자면 그 마법은 사랑의 마법이었던 것이다.

이 민담에서 우리는 사랑에 관한 상징들이 강한 활동을 벌리고 있음을 볼 수 있다. 사랑과 그 고통을 노래하는 나이팅게일과 사랑과 미의 여신 아프로디테 또한 간접적으로 암시되고 있다. 아프로디테 여신의 별명은 '바다에서 솟아오른'의 뜻을 달고 있는데, 우리가 보티첼리의 그림에서도 볼 수 있듯이, 조개를 뜻한다. 또는 비너스는 조개 속에 결정되어 있는 아름다움, 즉 진주를 뜻한다고 할 수 있다. 조개 속에서 탄생한 진주처럼 사랑의 여신의 모습은 조개 위에 우뚝 서 그 아름다움을 한껏 자랑하고 있다고 볼 수 있다.

   이 민담에서 요링겔과 요린데의 결합은 보다 온전한 과정으로 제시되고 있다. 또한 그러한 결합은 정체되거나 굳어 있는 것이 아니라, 끊임없이 새롭게 활기를 불어 넣는 동력이며, 바로 그것이 최고 마법사가 결혼을 앞둔 두 남녀에게 보여준 마법의 힘인 것이다. 사랑만큼 우리를 역동적으로 만드는 힘이 또 있을까? 사랑과 아름다움의 힘은 바로 그러한 과정적 의미에 있음을 이 민담 역시 여실하게 제시하고 있지 않는가!

11 _ 물의 요정 닉시

　물레방앗간 주인 아들의 삶은 크게 4구조로 나누어 볼 수 있다. 우선 그는 그가 태어나기 전, 아버지와 물의 요정 닉시가 함께 맺은 계약으로 인해 이미 아들의 운명이 결정된다. 물레방앗간 주인인 아버지의 자산을 위해 그는 닉시의 희생양이 되어야 하는 것이다. 그러한 운명을 피하기 위해 그는 물과 무관한 사냥꾼을 직업으로 택해서 사랑하는 아내와 행복하게 살아가게 된다. 그러나 그는 어느 날 노루 사냥 끝에 피 묻은 손을 씻기 위해 물가로 갔다가 닉시에게 사로잡혀 물 속에서 살게 된다. 아내의 간절한 노력으로 닉시의 손아귀에서 살아남게 되지만, 대홍수로 인해 서로 헤어져 살게 된다. 그들은 둘 다 양치기로 살아 가다가 보름달이 뜨는 어느 날 서로의 옛 모습을 확인하면서 사랑하는 부부로서 재결합하게 된다. 말하자면 부모와의 삶, 사냥꾼으로서의 삶, 닉시와의 삶, 양치기로서의 삶으로 대별해 볼 수 있다.

이 민담에서 가장 아름다운 부분은 민담의 말미에 나오는 달빛 아래 서로가 서로를 확인하는 장면이다.

양치기 생활로 서로 외롭게 살아오던 두 남녀가 과거의 잃어버린 기억을 피리소리를 통해 상기하면서 달빛이 가장 환하게 얼굴을 비추는 순간 서로를 확인하게 된다. 그야말로 환상적이다. 마음 속 아니마와 아니무스가 실제 아니마와 아니무스와 일치하는 순간이 그러할 것이다. 소리를 듣고 직접 확인하는 장면은 구약성서(욥기 42: 3~6)에서도 나오는 이야기다.

「라푼첼」에서도 읽힌다. 잃어버린 기억에 빛을 부여하는 것은 보름달이다. 피리는 보름달이 떴던 과거의 어느 시점을 회상시키면서 서로를 직관하게 만든다. 대홍수로 인해 망각되었던 과거의 일들이 보름달을 통해 마치 과거의 미로처럼 황금빗, 황금피리 그리고 황금얼레가 신비스럽게 회상되면서 현재적 시점으로 고리처럼 맺어져 직관된다. 황금이라는 색깔과 함께, 육체적 정신적 운명적 단계의 의미체계가 제시되었다가 대홍수 이후 드러나는 것은 피리와 보름달이다. 말하자면 피리와 보름달 모티브들이 보다 강화되면서 우리는 이와 연관된 여러 이야기를 연상하게 된다.

신화 속에서 보름달과 목신, 피리와 연관된 사랑 이야기는 많이 나온다. 예를 들어 달빛을 받고 잠들어 있는 미소년 엔디미온의 아름다움에 취해 영원히 잠들게 만들고는 50명의 자녀를 낳는 셀레네, 목신 판에게서 노래와 피리를 배우고 시칠리아에서 목양자로 있다가

장님이 되어서도 피리를 불고 노래를 흥얼거렸던, 물의 님프를 열렬히 사랑했던 다프니스, 아버지의 버림을 받아 산에서 성장해서 그녀가 사랑한 아티스(프리기아어로 양을 뜻함)를 찾아 온 산천을 헤매고 다녔던 퀴벨레, 또 판의 추적을 받아 갈대피리로 변한 쉬링크스 이야기들은 모두 목가적 사랑과 연관된 것이다. 그 중에 아마도 이 민담의 이야기와 가장 밀접성을 띠는 것은 퀴벨레가 아닌가 생각된다. 일설에 의하면 퀴벨레는 대홍수 이후 데우칼리온과 퓌라가 어깨 너머 던진 돌 가운데 하나에서 자라났다고 하며, 산에서 야생동물을 키워 아이들에게 우유를 주고, 피리와 북 그리고 심벌즈를 발명한 음악과 산의 어머니인데, 이 민담에서도 그 흔적을 살펴볼 수 있다 하겠다.

그리고 또 하나, 보름달 장면에 이르면 그리스 작가 롱고스의 소설 『다프니스와 클로에』가 떠오르지 않을 수 없다. 이 소설은 두 남녀가 부모와 헤어진 후 양치기 손에서 자라면서 서로 사랑을 나누는 이야기다. 다프니스와 클로에는 헤어졌다가 우여곡절 끝에 보름달을 바라보며 서로를 확인하게 된다. 이 소설에서는 두 주인공이 보름달과 나누는 목가적 분위기가 에로스적 풍경으로 묘사되고 있다.

그러나 롱고스 소설의 에로틱한 사랑과 달리 이 민담에서는 어느 할머니가 등장하지 않았다면 두 사람의 극적 결합은 불가능한 것으로 설정되어 있다. 사냥꾼의 아내는 닉시의 유혹에 빠진 남편을 구하기 위해 애를 쓰지만 소용이 없다. 땅바닥이 푹신하게 내려앉았고, 그리고 꽃이 만발한 푸른 풀밭 위에 말끔한 오두막집에 사는 머리카락이 하얗게 센 할머니 한 분이 아니었더라면 그들의 재결합은 불가능했을 것이다. 구약성서에서 노아 부부와 그의 세 아들 부부를 구해주신 분이 야훼 하느님이라면, 또 그리스신화에서 데우칼리온과 퓌라를 생존시킨 분이 제우스라면, 이 민담에서는 어느 부부를 개구리와 두꺼비로 생존시켜 사랑으로 맺어준 꿈 속 할머니가 그 자리를 대신한다.

   그 꿈 속 할머니가 셀레네, 혹은 루나 여신인가, 아니면 퀴벨레 여신인가? 추측컨대 인간의 한계를 초월한 어느 존재이면서 목양신이자 보름달과 밀접히 연관된 여신, 융이 말하는 바 자기인 것만은 확실하다. 그렇다면 보름달은 온전한 원과 신비한 빛을 띠는 우주적 현상이자, 그것을 바라본 인간의 융이 말한 바, 자기를 지향하는 정신현상이라 해도 되지 않을까?

마무리 글

민담 몇 편에 대한 글쓰기를 I부, II부로 나누어 보았다. I부는 최근에 쓴 것이고, II부는 이미 쓴 글들이다. II부는 오래 전에 영남대 출판부에서 출간한 도서에 일부 실린 글들이다. 그러나 다시 읽어 가며 보완해 보았다.

대학교에서 독일동화 강의를 맡으면서 나는 동화의 다양성을 경험하게 되었다. 민담과 그 이론의 다층적 다성적 논의는 내게 심층적 검토를 요구했다. 그러나 내 개인적 상상력과 이론적 지식만으로 인류의 정신적 산물인 민담을 해석한다는 것이 언제나 역부족하다는 것을 깨달았다.

민담을 포함한 장르 동화는 동화상을 통해 말을 건넨다. 동화상은 자연 현상이나 정신 현상이 인간의 생각을 통해 상(像)으로 결정된 것이다. 동화상은 상징체계를 띠면서 상징성을 드러낸다. 민담은 전 세계적으로 보편성을 띠면서 인류의 상상력 내장 공간으로 자리했다. 민담은 인류의 상상 공간일 뿐만 아니라, 여러 분야의 학문적 검토 대상이기도 하며, 최근에는 심층심리학적 분야에서, 더 나아가 동화치료나 미술치료 분야에 수용되기에 이르렀다.

민담은 앞으로도 인류의 정신적 소산물로서 살아남을 것이다. 라틴어로 상을 imago라고 한다. 영어로는 image, 독일어로는 Bild다. 상(像) 또는 심상(心像)으로 번역된다. 독일어로 상상은 Einbildung, 판타지는 Umbildung이라고 한다. Bild에서 파생된 명사들인데, Einbildung은 상상, 공상, 몽상 또는 망상의 의미를 띠며, Umbildung은 환상, 판타지로 번역된다. 동화상은 상상이나 상상력를 드러내는 상이라 할 수 있다. 상상력이 이미지를 형성하는 능력이라고 볼 수 있으나, 오히려 상상력은 지각작용에 의해 받아들이게 된 이미지들을 변형시키는 능력이다. 애초의 이미지로부터 상상하는 주체를 해방시키고, 이미지들을 변화시키는 능력이다. 이미지의 변화, 이미지들의 결합이 없다면 상상력은 존재하지 않는 것이며, 상상하는 행위 또한 없을 것이다. 상상 덕분에 상상력은 본질적으로 열려 있으며 막연하다. 인간의 정신 심리 속에서 상상 활동은 바로 열림의 체험일 뿐만 아니라, 또 다른 새로운 경험이기도 하다.

동화상은 이야기 줄거리 속에서 모티브로 작용하면서, 민담의 주제를 결정한다. 민담의 주제는 한결같다. 행복 가능 추구에 있다. 행복의 문을 열기 위해 동화상은 아무리 어려운 상황에서도, 활동하기를 멈추지 않는다. 자율적 희망 요소를 내재하고 있다. 그러나 어떠한 동화상도 또 다른 줄거리 과정에서 동일한 의미를 띠지 않으며, 이야기 과정을 다양하고 다층적으로 구성한다.

민담은 독일 낭만주의자들에 의해 새로이 수용되고 그림Grimm형제들에 의해 채록되기 이전까지는 별 주목을 받지 못했다. 까닭은 동화적 표현이 현실을 재현하기보다 왜곡시킨다고 보았기 때문이다. 그러나 프로이트, 융을 중심으로 한 심층심리학자들에 의해 인간의 무의식 또는 잠재의식을 드러내는 장르로 수용되는 가운데 인류 또는 인간의 정신현상으로 주목을 받게 되었다. 삶이 힘들수록 민담의 행복 추구는 오히려 역설적 역동성을 띤다. 민담의 정신 구조와 그 방향성은 민담이 인류에게 선물하는 희망 카테고리이자 치유제다.

민담은 다양한 삶의 주제를 내장한 삶의 지침서다. 민담 속에는 인간 삶에서 쉽사리 풀기 힘든 수수께끼 문제점들이 제시되어 있고, 그 수수께끼를 풀어내는 지혜가 담겨 있다. 민담이 반복적으로 강조하는 지혜는 오이디푸스가 스핑크스의 수수께끼를 풀이하듯 인간이 자신의 운명을 창의적으로 풀어 나가야 한다는 것, 언제나 행복의 가능성을 지향해야 한다는 것, 그러한 창의성과 행복 지향성이 인간 삶을 수수께끼 같은 문제점에서 인간을 해방시키는 지름길임을 환기시키는 데 있다. 이러한 민담의 역동성은 앞으로도 인류의 정신적 중심축, 행복을 향한 희망 유토피아로 자리매김하리라 위안 삼으며 부족한 나의 민담과 함께 한 글쓰기, 여기서 마무리해 본다.

펴낸 날 2025년 8월 1일
펴낸 이 최연숙
펴낸 곳 도서출판 다니엘123
서울특별시 중구 퇴계로 31길 3, 203호
전화 (02)2265-1898 e-mail : hyunco431@naver.com

ISBN 978-89-97788-66-8

정가 15,000

Copyright 2025. 최연숙. All rights reserved.

* 잘못 만들어진 책은 바꿔 드립니다.